Der Große 1689 Katechismus

Übersetzung und baptistische Überarbeitung des

Großen Westminster Katechismus

Für meine Kinder und Kindeskinder – eine Anleitung zum Studium der Heiligen Schrift zu den wesentlichsten Fragen des Lebens in dieser Welt und der Gemeinde Jesu. GR

Der große 1689 Katechismus

Wohl dem, der nicht wandelt nach dem Rat der Gottlosen, noch tritt auf den Weg der Sünder, noch sitzt, wo die Spötter sitzen, sondern seine Lust hat am Gesetz des HERRN und über sein Gesetz nachsinnt Tag und Nacht. Der ist wie ein Baum, gepflanzt an Wasserbächen, der seine Frucht bringt zu seiner Zeit, und seine Blätter verwelken nicht, und alles, was er tut, gerät wohl.

Ps 1,1-3

Bibliografische Information der Deutschen Nationalbibliothek: Die Deutsche Nationalbibliothek verzeichnet diese Publikation in der Deutschen National-bibliografie; detaillierte bibliografische Daten sind im Internet über dnb.dnb.de abrufbar.

1. Auflage 2023

© 2023 Gerhard Roth

Herstellung und Verlag: BoD – Books on Demand, Norderstedt

ISBN: 978-3-7528-1562-7

Inhalt

Vorwort

Warum ein Großer Katechismus?

Der Kinderkatechismus[1] ist ein gutes Mittel, um bereits Kleinkinder im biblischen Glauben zu unterweisen. So können Eltern unter der Gnade Gottes aktiv daran mitarbeiten, ihre Kinder zum Herrn Jesus zu führen.

Der Kleine Katechismus[2] ist geeignet für ältere Kinder, Teenager, tatsächlich für Gemeindeglieder jeden Alters. Er stellt eine komprimierte systematische Theologie basierend auf dem Baptistischen Glaubensbekenntnis von 1689 dar. Durch ein kontinuierliches Studium des Kleinen Katechismus´ werden Gemeindeglieder in den wichtigsten biblischen Lehren gefestigt und zum Dienst am Evangelium in Familie und Alltag zugerüstet. Damit ist dieses Werk ein wertvolles Werkzeug zum Wachstum in der Heiligung und zum Fortschritt in der Jüngerschaft und Nachfolge Jesu.

Der hier übersetzte und überarbeitete Große Katechismus erweitert den Kleinen durch ausführlichere Formulierungen, Belegstellen und weitere Fragen, so dass er als Werkzeug für die Zurüstung von Pastoren, Predigern, Ältesten, Evangelisten und anderen Mitarbeiterinnen und Mitarbeitern im Reich Gottes dienen kann. Er ist ein mächtiges Mittel der Gnade, um Gottes Wort besser zu verstehen und die Grundlinien der Heilsgeschichte durch die Bibel zu erkennen und zu verkündigen. Im Kampf gegen Irrlehre und Irrtümer kann er in seinem Nutzen kaum überschätzt werden.

Zu dieser Übersetzung beziehungsweise Überarbeitung:

Für diese Ausgabe des Großen 1689 Katechismus´ wurde der Große Westminster Katechismus übersetzt. Bisher gab es meines Wissens zwei Übersetzungen: Einerseits die von Gajus Fabricius, die wegen des hohen Alters heute nur ein-

---

[1] https://www.cbuch.de/biblische-glaubenslehre-fuer-kinder-kinderkatechismus.html
[2] Westminsterausgabe: https://www.bucer.org/fileadmin/_migrated/ tx_org/mbstexte061. pdf; eine baptistische Ausgabe ist beim Autor zu erhalten.

geschränkt nutzbar ist. Andererseits eine Überarbeitung mit leichten sprachlichen Anpassungen von Kurt Vetterli[3], dem für diese wertvolle Arbeit großer Dank gebührt.

Drei Gründe vor allem sind Ursache für diese neue Übersetzung und Überarbeitung:

Erstens ist die Überarbeitung von Herrn Vetterli sprachlich schwer verständlich, so dass eine Übersetzung in moderner Sprache wünschenswert erschien.

Zweitens fehlen in dieser Überarbeitung die Belegstellen, so dass diese Ausgabe als Studienunterlage weniger geeignet ist.

Drittens war eine baptistische Ausgabe notwendig, so wie es ja bereits vom Kinderkatechismus und vom Kleinen Westminster Katechismus jeweils eine baptistische Ausgabe gibt.

Entsprechend habe ich mich bemüht, diese Übersetzung in einer leicht verständlichen Sprache zu formulieren, möglichst ohne Abstriche bei der Genauigkeit zu machen. Da es sich hier aber nicht um eine Bibelübersetzung handelt, wurde bei notwendigen Kompromissen der Verständlichkeit ein Vorrang gegenüber einer genaueren Übersetzung eingeräumt.

Um als möglichst gute Grundlage für den Studierenden zu dienen, wurden lange Sätze in mehrere aufgebrochen. Zusätzlich wurden bei Aufzählungen Absätze eingefügt, die es erleichtern sollen, die einzelnen Sinnabschnitte zu erkennen und Bibelstellen zuzuordnen. Die Belegstellen wurden aus dem Großen Westminster Katechismus übernommen.

An Stellen, wo eine signifikante Änderung notwendig erschien, wurde dies in der Regel durch eine Fußnote gekennzeichnet.

Der Abschnitt über die beiden Anordnungen Taufe und Abendmahl konnte naturgemäß für eine baptistische Ausgabe des Großen Katechismus nicht einfach übersetzt oder leicht abgeändert werden. Die Fragen und Antworten 161 bis 170 wurden daher so abgeändert, dass die Antworten dem Londoner baptistischen Glaubensbekenntnis von 1689 folgen. Hierzu wurden die Kapitel 28 bis

---

[3]https://soulshappiness.files.wordpress.com/2007/10/grosser_westminster_katechismus.pdf

30 von mir übersetzt und hier eingearbeitet. Daher schien für dieses Werk die Bezeichnung „Großer 1689 Katechismus" angemessen, auch wenn man zugeben muss, dass die anderen Unterschiede zwischen dem 1689 und dem Westminster Glaubensbekenntnis ebenso in den Katechismus eingearbeitet werden müssten, um diesem Namen gerecht zu werden. Das ist für eine zukünftige Ausgabe vorgesehen.

April 2023

G. Roth

I. Die Grundfragen des Lebens

1. Frage: Was ist die vornehmste und höchste Bestimmung des Menschen?

Antwort: Die vornehmste und höchste Bestimmung des Menschen ist, Gott zu verherrlichen [a] und sich seiner in Zeit und Ewigkeit vollkommen zu erfreuen [b].

- a Röm 11,36; 1Kor 10,31
- b Ps 73,24-28

2. Frage: Woraus geht hervor, dass es einen Gott gibt?

Antwort: Das Licht, das Gott dem natürlichen Menschen gegeben hat und die Werke Gottes zeigen deutlich, dass es einen Gott gibt [a]. Aber allein Gottes Wort und sein Geist offenbaren ihn den Menschen hinlänglich und wirksam zur Errettung [b].

- a Röm 1,19-20; Ps 19,2-4; Apg 17,28
- b 1Kor 2,9-10; 2Tim 3,15-17; Jes 59,21

II. Die Lehre vom Wort Gottes

3. Frage: Was ist das Wort Gottes?

Antwort: Die Heilige Schrift des Alten und Neuen Testaments ist das Wort Gottes [a], die alleinige Richtschnur für Glauben und Gehorsam [b].

- a 2Tim 3,16; 2Petr 1,19-21
- b Eph 2,20; Off 22,18-19; Jes 8,20; Lk 16,29+31; Gal 1,8-9; 2Tim 3,15-16

4. Frage: Woraus geht hervor, dass die Schrift das Wort Gottes ist?

Antwort: Die Schrift erweist sich selbst als das Wort Gottes durch ihre Erhabenheit [a] und Reinheit [b], durch die Übereinstimmung all ihrer Teile [c] und den Zweck des Ganzen, nämlich Gott allein alle Ehre zu geben [d], durch ihr Licht und ihre Kraft, Sünder zu überführen und zu bekehren und Gläubige zu trösten und zu erbauen zur Errettung [e]. Aber allein der Geist Gottes, der

durch die Schrift und mit ihr im Herzen des Menschen Zeugnis gibt, ist imstande, es völlig davon zu überzeugen, dass sie wirklich das wahrhaftige
Wort Gottes ist [f].

a 1Kor 2,6-7; Ps 119,18+129

b Ps 12,7; Ps 119,140;

c Apg 10,43 + 26,22

d Röm 3,19+27

e Apg 18,28; Hebr 4,12; Jak 1,18; Ps 19,8-10; Röm 15,4; Apg 20,32

f Joh 16,13-14 + 20,31; 1Joh 2,20+27

5. **Frage:** Was lehrt die Schrift hauptsächlich?

Antwort: Die Schrift lehrt hauptsächlich, was der Mensch in Hinsicht auf Gott glauben soll und welche Pflicht Gott vom Menschen fordert [a].

a 2Tim 1,13

6. **Frage:** Was offenbart die Heilige Schrift von Gott?

Antwort: Die Heilige Schrift offenbart, wer Gott ist [a], die Personen in der Gott-heit [b], seine Ratschlüsse [c] und die Ausführung seiner Ratschlüsse [d].

a Hebr 11,6

b 1Joh 5,7

c Apg 15,14-15+18

d Apg 4,27-28

III. Die Lehre von Gott

7. **Frage:** Wer ist Gott?

Antwort: Gott ist ein Geist [a], in sich und aus sich unendlich in Wesen [b], Herr-lichkeit [c], Seligkeit [d] und Vollkommenheit [e], allgenugsam [f], ewig [g], unwan-delbar [h], unbegreiflich [i], allgegenwärtig [j], allmächtig [k], allwissend [l], höchst weise [m], höchst heilig [n], höchst gerecht [o], höchst barmherzig und gnädig, langmütig und überreich an Güte und Wahrheit [p]. Über und durch all diese wunderbaren und unbegreiflichen Eigenschaften Gottes erscheint uns seine Liebe am wunderbarsten, denn Gott ist Liebe. [q][4]

a   Joh 4,24

b   2Mo 3,14; Hi 11,7-9

c   Apg 7,2

d   1Tim 6,15

e   Mt 5,48

f   1Mo 17,1; Ps 50,12

g   Ps 90,2

h   Mal 3,6; Jak 1,17

i   1Kö 8,27

j   Ps 139,1-13

k   Off 4,8

l   Hebr 4,13; Ps 147,5

m   Röm 16,27

n   Jes 6,3; Off 15,4

o   5Mo 32,4

p   2Mo 34,6

q   1Joh 4,16

8. Frage: Gibt es mehr als einen Gott?

Antwort: Es gibt nur einen einzigen lebendigen und wahren Gott[a].

a   5Mo 6,4; 1Kor 8,4; Jer 10,10

9. Frage: Wie viele Personen sind in der Gottheit?

Antwort: Es sind drei Personen in der Gottheit, der Vater, der Sohn und der Heilige Geist; diese drei sind der eine, wahre und ewige Gott, gleich im Wesen, gleich an Macht und Herrlichkeit, dennoch unterschiedlich in ihren persönlichen Eigenschaften[a].

a   1Joh 5,7; Mt 3,16-17 + 28,19; 2Kor 13,13; Joh 10,30

---

[4] Der letzte Satz mit Beleg wurde von mir hinzugefügt. Es erscheint unverständlich, warum die zentrale Eigenschaft Gottes, seine Liebe, hier nicht genannt wird. GR

10. **Frage:** Welches sind die persönlichen Eigenschaften der drei Personen in der Gottheit?

Antwort: Der Vater hat den Sohn gezeugt [a], der Sohn wurde vom Vater gezeugt [b], der Heilige Geist geht vom Vater und vom Sohne aus, und zwar von aller Ewigkeit her [c].

- a **Hebr 1,5-6 + 8**
- b **Joh 1,14 + 18**
- c **Joh 15,26; Gal 4,6**

11. **Frage:** Woraus geht hervor, dass der Sohn und der Heilige Geist genauso Gott sind wie der Vater?

Antwort: Die Schrift lehrt, dass der Sohn und der Heilige Geist genauso Gott sind wie der Vater, indem sie ihnen solche Namen [a], Eigenschaften [b], Werke [c] und Anbetung [d] zuschreibt, die Gott allein zustehen.

- a **Jes 5,8 + 6,3; Joh 12,41; Apg 5,3-4 + 28,25; 1Joh 5,20**
- b **Joh 1,1 + 2,24-25; Jes 9,6; 1Kor 2,10-11**
- c **Kol 1,16; 1Mo 1,2**
- d **Mt 28,19; 2Kor 13,13**

12. **Frage:** Was sind die Ratschlüsse Gottes?

Antwort: Gottes Ratschlüsse sind die Pläne, die er in seinem weisen, freien und heiligen Willen beschlossen hat [a], wodurch er von aller Ewigkeit her zu seiner eignen Ehre unabänderlich alles vorausbestimmt hat, was sich in der Zeit ereignet [b], besonders in Bezug auf die Engel und die Menschen. [5]

- a **Eph 1,11; Röm 9,14-15 + 18 + 11,33**
- b **Eph 1,4+11; Röm 9,22-23; Ps 33,11**

13. **Frage:** Was hat Gott besonders über die Engel und die Menschen beschlossen?

Antwort: Gott hat durch seinen ewigen und unabänderlichen Ratschluss aus reiner Liebe zum Preise seiner herrlichen Gnade, die zu seiner Zeit kundgetan werden sollte, einige Engel zur Herrlichkeit auserwählt [a].

---

[5] Der erste Teil wurde bei der Übersetzung an den Wortlaut von Eph 1,11 in der NGÜ angepasst.

In Christus hat er einige Menschen zum ewigen Leben erwählt; gleichzeitig hat er die Mittel zu ihrer Erlösung festgelegt[b].

Ebenso hat er gemäß seiner unumschränkten Macht und dem unerforschlichen Rat seines eigenen Willens (wodurch er Gnade erweist oder vorenthält, wie es ihm gefällt) die übrigen übergangen und zu Unehre und Zorn bestimmt, die wegen ihrer Sünde über sie kommen sollen, zum Preise der Herrlichkeit seiner Gerechtigkeit[c].

a   1Tim 5,21

b   Eph 1,4-6; 2Thess 2,13-14

c   Röm 9,17-18 + 21-22; Mt 11,25-26; 2Tim 2,20; Jud 1,4; 1Petr 2,8

14. **Frage:** Wie führt Gott seine Ratschlüsse aus?

Antwort: Gott führt seine Ratschlüsse in den Werken der Schöpfung und Vorsehung aus gemäß seinem untrüglichen Vorherwissen und dem freien und unabänderlichen Ratschluss seines eigenen Willens[a].

a   Eph 1,11

IV. Schöpfung und Sündenfall

15. **Frage:** Was ist das Werk der Schöpfung?

Antwort: Das Werk der Schöpfung besteht darin, dass Gott im Anfang durch sein mächtiges Wort die Welt und alles, was darin ist, aus nichts in einem Zeitraum von sechs Tagen geschaffen hat, für sich selbst, und so, dass alles sehr gut war[a].

a   1Mo 1; Hebr 11,3; Spr 16,4

16. **Frage:** Wie hat Gott die Engel geschaffen?

Antwort: Gott schuf alle Engel[a] als Geister[b], unsterblich[c], heilig[d], ausgezeichnet durch Erkenntnis[e], mit gewaltiger Kraft[f], um seine Befehle auszuführen und seinen Namen zu preisen[g], jedoch dem Wandel unterworfen[h].

a   Kol 1,16

b   Ps 104,4

c   Mt 22,30

d   Mt 25,31

e   2Sam 14,17; Mt 24,36

f   2Thess 1,7

g   Ps 103,20-21

h   2Petr 2,4

17. Frage: Wie hat Gott den Menschen geschaffen?

Antwort: Nachdem Gott alle andern Geschöpfe gemacht hatte, schuf er den Menschen als Mann und Frau [a]. Er machte den Leib des Mannes aus dem Staub der Erde [b]. Die Frau machte er aus einer Rippe des Mannes [c].

Er schuf sie mit einer lebendigen, vernunftbegabten und unsterblichen Seele [d] nach seinem eigenen Bilde [e] in Erkenntnis, Gerechtigkeit [f] und Heiligkeit [g]; das Gesetz Gottes war in ihr Herz geschrieben [h] und sie waren fähig, es zu erfüllen [i]. Er gab ihnen auch die Herrschaft über die anderen Geschöpfe [j]. In ihrer schöpfungsgemäßen Freiheit waren sie jedoch auch fähig zum Abfall von Gott [k].

a   1Mo 1,27

b   1Mo 2,7

c   1Mo 2,22

d   1Mo 2,7; Hi 35,11; Pred 12,7; Mt 10,28; Lk 23,43

e   1Mo 1,27

f   Kol 3,10

g   Eph 4,24

h   Röm 2,14-15

i   Pred 7,29

j   1Mo 1,28

k   1Mo 3,6; Pred 7,29

18. Frage: Welches sind die Werke der Vorsehung Gottes?

Antwort: Die Werke der Vorsehung Gottes sind seine höchst heilige [a], weise [b] und mächtige Bewahrung [c] und Regierung [d] aller seiner Geschöpfe, indem er sie und alle ihre Handlungen [e] zu seiner eigenen Ehre leitet [f].

a   Ps 145,17

b   Ps 104,24; Jes 28,29

c   Hebr 1,8

d   Ps 103,19

e   Mt 10,29-31; 1Mo 45,7

f   Röm 11,36; Jes 43,14

19. **Frage:** Was ist Gottes Vorsehung bezüglich der Engel?

Antwort: Gott ließ durch seine Vorsehung zu, dass einige der Engel eigenwillig und unwiederbringlich in Sünde und Verdammnis fielen [a]; diesen Fall und alle ihre Sünden hat er zu seiner eigenen Ehre eingeschränkt und geordnet [b]. Die übrigen Engel hat er in Heiligkeit und Glückseligkeit gefestigt [c]. Gott gebraucht sie alle [d] nach seinem Wohlgefallen im Dienst seiner Macht, Barmherzigkeit und Gerechtigkeit [e].

a   Jud 1,6; 2Petr 2,4; Hebr 2,16; Joh 8,44

b   Hi 1,12; Mt 8,31

c   1Tim 5,21; Mk 8,38; Hebr 12,22

d   Ps 104,4

e   2Kö 19,35; Hebr 1,14

20. **Frage:** Was war die Vorsehung Gottes bezüglich des Menschen in dem Stande, in dem er geschaffen war?

Antwort: Folgendes hat Gott in seiner Vorsehung getan:

Gott setzte ihn in das Paradies, erteilte ihm den Auftrag, es zu bebauen und gab ihm die Freiheit, die Frucht der Erde zu essen [a].

Er unterstellte die Geschöpfe seiner Herrschaft [b] und verordnete die Ehe zu seiner Hilfe [c].

Er gewährte ihm Gemeinschaft mit ihm selbst [d], setzte den Sabbat ein [e] und schloss mit ihm einen Bund des Lebens; die Bedingung dieses Bundes war persönlicher, vollkommener und immerwährender Gehorsam [f]; dafür war der Baum des Lebens ein Unterpfand [g].

Er verbot ihm bei Todesstrafe, vom Baum der Erkenntnis des Guten und Bösen zu essen [h].

a   1Mo 2,8, 15-16

b   1Mo 1,28

c   1Mo 2,18

d   1Mo 1,26-29; 3,8

e   1Mo 2,3

f   Gal 3,12; Röm 10,5

g   1Mo 2,9

h   1Mo 2,17

21. **Frage:**   Blieb der Mensch in dem Stand, in dem ihn Gott zuerst geschaffen hatte?

Antwort: Indem unsere ersten Eltern der Freiheit ihres eigenen Willens überlassen waren, übertraten sie durch die Versuchung des Satans das Gebot Gottes. Sie aßen die verbotene Frucht und fielen dadurch aus dem Stande der Unschuld, in dem sie geschaffen waren[a].

a   1Mo 3,6-8 + 13; Pred 7,29; 2Kor 11,3

22. **Frage:**   Ist die ganze Menschheit in dieser ersten Übertretung gefallen?

Antwort: Da der Bund mit Adam nicht nur mit ihm persönlich, sondern mit ihm als Stellvertreter seiner gesamten Nachkommenschaft geschlossen war, hat in jener ersten Übertretung die ganze Menschheit, die durch natürliche Zeugung von ihm abstammt[a], in ihm gesündigt und ist mit ihm gefallen[b].

a   Apg 17,26

b   1Mo 2,16-17; Röm 5,12-20; 1Kor 15,21-22

23. **Frage:** In welchen Stand hat der Fall die ganze Menschheit gebracht?

Antwort: Der Fall hat die ganze Menschheit in einen Stand der Sünde und des Elends gebracht[a].

a   Röm 3,23 + 5,12

24. **Frage:**   Was ist Sünde?

Antwort: Sünde ist jeder Mangel an Übereinstimmung mit einem göttlichen Gesetz oder jede Übertretung eines göttlichen Gesetzes, das dem Menschen als Richtschnur gegeben ist[a].

a   1Joh 3,4; Gal 3,10 + 12

25. Frage: Worin besteht die Sündhaftigkeit des Standes, in den der Mensch gefallen ist?

Antwort: Die Sündhaftigkeit des Standes, in den der Mensch gefallen ist, besteht in der Schuld von Adams erster Sünde ᵃ, dem Mangel der Gerechtigkeit, in der er geschaffen war und der Verderbtheit seiner Natur.

Dadurch ist er völlig unfähig und unwillig zu irgendetwas geistlich Gutem; stattdessen ist er vollkommen bereit zu allem Bösen, und zwar immerfort ᵇ. Das wird gewöhnlich als „Erbsünde"⁶ bezeichnet; aus ihr gehen alle tatsächlichen Übertretungen hervor ᶜ.

  a Röm 5,12 + 19
  b Röm 3,10-19 + 5,6 + 8,7-8; Eph 2,1-3; 1Mo 6,5
  c Jak 1,14-15; Mt 15,19

26. Frage: Wie wird die Erbsünde von unseren ersten Eltern auf ihre Nachkommenschaft übertragen?

Antwort: Die Erbsünde wird von unseren ersten Eltern auf ihre Nachkommenschaft durch natürliche Zeugung übertragen, so dass alle, die auf diese Weise aus ihnen hervorgehen, in Sünden empfangen und geboren werden ᵃ.

  a Ps 51,7; Hi 14,4 + 15,14; Joh 3,6

27. Frage: Welches Elend brachte der Fall über die Menschheit?

Antwort: Der Fall brachte über die Menschheit den Verlust der Gemeinschaft mit Gott ᵃ, sein Missfallen und seinen Fluch, sodass wir von Natur Kinder des Zorns sind ᵇ, Sklaven des Satans ᶜ und gerechterweise allen Strafen in dieser und der zukünftigen Welt verfallen ᵈ.

  a 1Mo 3,8+10+24
  b Eph 2,2-3
  c 2Tim 2,26
  d 1Mo 2,17; Kla 3,39; Röm 6,23; Mt 25,41; Jud 1,7

28. Frage: Was sind die Strafen für die Sünde in dieser Welt?

---

⁶ Oder auch „ursprüngliche Sünde"

Antwort: Die Strafen für die Sünde in dieser Welt sind:

entweder innere, wie Verblendung des Geistes [a], verkehrte Gesinnung [b], kräftige Irrtümer [c], Verhärtung des Herzens [d], Gewissensangst [e] und schändliche Lüste [f].

oder äußere, wie der Fluch Gottes auf der Schöpfung um unsertwillen [g]; ebenso alle andern Übel, die uns an unserm Leib, Namen, Vermögen, unseren persönlichen Beziehungen und Beschäftigungen widerfahren [h], dazu der Tod selbst [i].

a   **Eph 4,18**

b   **Röm 1,28**

c   **2Thess 2,11**

d   **Röm 2,5**

e   **Jes 33,14; 1Mo 4,13; Mt 27,4**

f   **Röm 1,26**

g   **1Mo 3,17**

h   **5Mo 28,15-18**

i   **Röm 6,21, 23**

29. **Frage:** Was sind die Strafen für die Sünde in der zukünftigen Welt?

Antwort: Die Strafen für die Sünde in der zukünftigen Welt sind:

ewige Trennung von Gottes tröstlicher Gegenwart und pausenlos die schrecklichsten Qualen an Seele und Leib im höllischen Feuer in Ewigkeit [a].

a   **2Thess 1,9; Mk 9,43-44+46+48; Lk 16,24**

V. Die Lehre von der Erlösung

30. **Frage:**   Lässt Gott die ganze Menschheit im Stand der Sünde und des Elends zugrunde gehen?

Antwort: Gott lässt nicht alle Menschen im Stand der Sünde und des Elends zugrunde gehen [a], in den sie dadurch gefallen waren, dass sie den ersten Bund gebrochen hatten, den man gewöhnlich den Bund der Werke

nennt [b]; vielmehr errettet er daraus aus seiner reinen Liebe und Barmherzigkeit seine Auserwählten und bringt sie in einen Stand des Heils durch
den zweiten Bund, den man gewöhnlich den Gnadenbund nennt [c].

a 1Thess 5,9

b Gal 3,10+12

c Tit 3,4-7; Gal 3,21; Röm 3,20-22

31. Frage: Mit wem wurde der Gnadenbund geschlossen?

*Antwort: Der Gnadenbund wurde mit Christus als dem zweiten Adam und in
ihm mit allen Auserwählten als seiner Nachkommenschaft geschlossen [a].*

a Gal 3,16; Röm 5,15-21; Jes 53,10-11

32. Frage: Wie erweist sich die Gnade Gottes in dem zweiten Bund?

Antwort: Die Gnade Gottes erweist sich in dem zweiten Bund dadurch,

*dass er Sündern einen Mittler [a] und durch ihn Leben und Seligkeit umsonst
bereitet und anbietet [b] und*

*indem Gott Glauben als die Bedingung fordert [c], unter der sie Anteil an
Christus haben, allen seinen Auserwählten seinen heiligen Geist verheißt
und gibt [d], der in ihnen jenen Glauben [e] mit allen andern errettenden Gnadengaben [f] wirkt und sie zu allem heiligen Gehorsam fähig macht [g], als
dem Beweis der Echtheit ihres Glaubens [h] und ihrer Dankbarkeit [i] gegen
Gott und als dem Weg, den er ihnen zur Errettung bestimmt hat [j].*

a 1Mo 3,15; Jes 42,6; Joh 6,27

b 1Joh 5,11-12

c Joh 1,12; 3,16

d Spr 1,23

e 2Kor 4,13

f Gal 5,22-23

g Hes 36,27

h Jak 2,18, 22

i 2Kor 5,14-15

j Eph 2,18

33. Frage: Ist der Gnadenbund allezeit auf eine und dieselbe Weise durchgeführt worden?

Antwort: Nein, seine Durchführung unter dem Alten Testament war verschieden von der unter dem Neuen [a].

    a   2Kor 3,6-9

34. Frage: Wie wurde der Gnadenbund unter dem Alten Testament durchgeführt?

Antwort: Der Gnadenbund wurde unter dem Alten Testament durchgeführt durch Verheißungen [a], Prophetien [b], Opfer [c], Beschneidung [d], das Passah [e] und andere Vorbilder und Einrichtungen, die alle auf den zukünftigen Christus hinwiesen und für jene Zeit hinreichend waren, um die Auserwählten im Glauben an den verheißenen Messias [f] aufzubauen. Durch diesen Glauben erlangten sie damals volle Vergebung der Sünden und ewige Erlösung [g].

    a   Röm 15,8
    b   Apg 3,20+24
    c   Hebr 10,1
    d   Röm 4,11
    e   1Kor 5,7
    f   Hebr 8 + 9 + 11,13
    g   Gal 3,7-9 + 14

35. Frage: Wie wird der Gnadenbund unter dem Neuen Testament durchgeführt?

Antwort: Im Neuen Testament wurde Christus wesenhaft geoffenbart. Hier wurde und wird derselbe Gnadenbund durchgeführt in der Predigt des Wortes [a] und der Verwaltung der Sakramente, nämlich der Taufe [b] und des heiligen Abendmahls [c], worin Gnade und Erlösung in größerer Fülle, Klarheit und Wirksamkeit allen Völkern dargeboten wird [d].

    a   Mk 16,15
    b   Mt 28,19-20
    c   1Kor 11,23-25
    d   2Kor 3,6-9; Hebr 8,6 + 10-11; Mt 28,19

36. Frage: Wer ist der Mittler des Gnadenbundes?

Antwort: Der einzige Mittler des Gnadenbundes ist der Herr Jesus Christus ᵃ. Obwohl er der ewige Sohn Gottes ist, eines Wesens mit dem Vater und ihm gleich ᵇ, wurde er in der Fülle der Zeit Mensch ᶜ. So war und bleibt er Gott und Mensch in zwei ganzen, unterschiedenen Naturen und eine einzige Person immerdar ᵈ.

- a **1Tim 2,5**
- b **Joh 1,1+14 + 10,30; Phil 2,6**
- c **Gal 4,4**
- d **Lk 1,35; Röm 9,5; Kol 2,9; Hebr 7,24-25**

37. Frage: Wie ist Christus, obwohl er der Sohn Gottes war, Mensch geworden?

Antwort: Christus, der Sohn Gottes, ist Mensch geworden, indem er einen wahren Leib und eine vernünftige Seele annahm ᵃ. Er wurde empfangen durch die Kraft des Heiligen Geistes im Leibe der Jungfrau Maria, aus ihrem Wesen und von ihr geboren ᵇ, doch ohne Sünde ᶜ.

- a **Joh 1,14; Mt 26,38**
- b **Lk 1,27, 31, 35, 42; Gal 4,4**
- c **Hebr 4,15 + 7,26**

38. Frage: Warum war es erforderlich, dass der Mittler Gott war?

Antwort: Es war erforderlich, dass der Mittler Gott war,

damit er die menschliche Natur vor dem Unterliegen unter dem unendlichen Zorn Gottes und der Gewalt des Todes bewahren und erhalten konnte ᵃ,

damit seine Leiden, sein Gehorsam und seine Vermittlung Wert und Wirksamkeit hatten ᵇ und

um der Gerechtigkeit Gottes Genugtuung zu leisten ᶜ,

sein Wohlgefallen zu gewinnen ᵈ,

ein Volk zum Eigentum zu erwerben ᵉ,

ihnen seinen Geist zu geben ᶠ,

alle ihre Feinde zu besiegen ᵍ und

sie zur ewigen Seligkeit zu führen ʰ.

- a **Apg 2,24-25; Röm 1,4 + 4,25; Hebr 9,14**

b   Apg 20,28; Hebr 7,25-28 + 9,14

c   Röm 3,24-26

d   Eph 1,6; Mt 3,17

e   Tit 2,13-14

f   Gal 4,6

g   Lk 1,68-69, 71, 74

h   Hebr 5,8-9; 9,11-15

39. **Frage:** Warum war es erforderlich, dass der Mittler Mensch war?

Antwort: Es war erforderlich, dass der Mittler Mensch war, um folgendes tun zu können:

unsere Natur zu erhöhen[a],

dem Gesetz Gehorsam zu leisten[b],

für uns in unserer menschlichen Natur zu leiden und Fürsprecher zu sein[c],

mit unsern Schwachheiten Mitleid zu haben[d] und

damit wir die Kindschaft empfangen konnten[e] und

Trost und freimütigen Zutritt zum Gnadenthron haben können[f].

a   **Hebr 2,16**

b   **Gal 4,4**

c   **Hebr 2,14 + 7,24-25**

d   **Hebr 4,15**

e   **Gal 4,5**

f   **Hebr 4,16**

40. **Frage:**   Warum war es erforderlich, dass der Mittler Gott und Mensch in einer Person war?

Antwort: Es war erforderlich, dass der Mittler, der Gott und Mensch versöhnen sollte, selbst sowohl Gott als Mensch war, und zwar in einer einzigen Person,

damit die jeder der beiden Naturen eigenen Werke von Gott für uns angenommen werden konnten[a] und wir uns darauf verlassen können als auf die Werke der ganzen Person[b].

a   **Mt 1,21+23; Mt 3,17; Hebr 9,14**

b   1Petr 2,6

41. Frage: Warum wurde unser Mittler Jesus genannt?

Antwort: Unser Mittler wurde Jesus genannt, weil er sein Volk errettet von ihren Sünden [a].

a   Mt 1,21

42. Frage: Warum wurde unser Mittler Christus[7] genannt?

Antwort: Unser Mittler wurde Christus genannt, weil er über alles Maß mit dem Heiligen Geist gesalbt wurde [a] und dadurch ausgesondert und vollkommen mit aller Vollmacht und Fähigkeit ausgestattet wurde [b], die Ämter eines Propheten [c], Priesters [d] und Königs [e] seiner Gemeinde auszuüben, sowohl im Stande seiner Erniedrigung als auch seiner Erhöhung.

a   Joh 3,34; Ps 45,8
b   Joh 6,27; Mt 28,18-20
c   Apg 3,21-22; Lk 4,18 + 21
d   Hebr 4,14-15 + 5,5-7
e   Ps 2,6

43. Frage: Wie übt Christus das prophetische Amt aus?

Antwort: Christus übt das prophetische Amt aus, indem er seiner Gemeinde [a] zu allen Zeiten durch seinen Geist und sein Wort [b] auf vielerlei Weisen [c] den ganzen Willen Gottes [d] offenbart, in allen Dingen, die ihre Auferbauung und Erlösung betreffen [e].

a   Joh 1,18
b   1Petr 1,10-12
c   Hebr 1,1-2
d   Joh 15,15
e   Apg 20,32; Eph 4,11-13; Joh 20,31

---

[7] „Christus" ist die latinisierte Form des griechischen Wortes „Christós". Es ist die neutestamentliche Übersetzung des im Alten Testament gebrauchten aramäischen Wortes „Meschiah". Dieses wiederum wird in der griechischen Transkription als „Messias" wiedergegeben. All diese Begriffe bedeuten dasselbe: „der Gesalbte". Dies ist ein Ehrentitel, den die Bibel für Jesus gebraucht, den von Gott gesalbten König, Priester und Propheten seiner Erlösten.

44. Frage: Wie übt Christus das priesterliche Amt aus?

Antwort: Christus übt das priesterliche Amt aus, indem er sich Gott ein für alle Mal als ein Opfer ohne Fehler dargebracht hat^a, um eine Versöhnung für die Sünden seines Volkes zu sein^b, und indem er sie immerfort vertritt^c.

- a Hebr 9,14 + 28
- b Hebr 2,17
- c Hebr 7,25

45. Frage: Wie übt Christus das königliche Amt aus?

Antwort: Christus übt das königliche Amt aus, indem er sich selbst ein Volk aus der Welt beruft^a und ihnen Gaben^b, Gesetze^c und Anweisungen gibt, durch die er sie sichtbar leitet^d, indem er seinen Auserwählten errettende Gnade schenkt^e, ihren Gehorsam belohnt^f und sie für ihre Sünden züchtigt^g, sie in allen ihren Versuchungen und Leiden bewahrt und aufrechterhält^h, alle ihre Feinde in Schranken hält und überwindetⁱ und alle Dinge machtvoll zu seiner eigenen Ehre^j und zu ihrem Besten^k ordnet; auch dadurch, dass er Rache nimmt an den übrigen, die Gott nicht kennen und dem Evangelium nicht gehorsam sind^l.

- a Apg 15,14-16; Jes 4,4-5; 1Mo 49,10; Ps 110,3
- b Eph 4,11-12; 1Kor 12,28
- c Jes 33,22
- d Mt 18,17-18; 1Kor 5,4-5
- e Apg 5,31
- f Off 2,10; 22,12
- g Off 3,19
- h Jes 63,9
- i 1Kor 15,25; Ps 110,1-3
- j Röm 14,10-11
- k Röm 8,28
- l 2Thess 1,8-9; Ps 2,8-9

46. Frage: Was war der Stand der Erniedrigung Christi?

Antwort: Der Stand der Erniedrigung Christi war jener niedrige Zustand, in dem er sich um unseretwillen seiner Herrlichkeit entäußerte, Knechtsgestalt annahm in seiner Empfängnis und Geburt, seinem Leben und Tod und nach seinem Tode bis zu seiner Auferstehung [a].

  a   Phil 2,6-8; Lk 1,31; 2Kor 8,9; Apg 2,24

47. **Frage:** Wie erniedrigte Christus sich selbst in seiner Empfängnis und Geburt?

Antwort: Christus erniedrigte sich selbst in seiner Empfängnis und Geburt:

obwohl er von aller Ewigkeit her der Sohn Gottes in des Vaters Schoß war, gefiel es ihm, in der Fülle der Zeit des Menschen Sohn zu werden, von einer Frau niederen Standes geboren zu werden und das unter Umständen von mehr als gewöhnlicher Erniedrigung [a].

  a   Joh 1,14 + 18; Gal 4,4; Lk 2,7

48. **Frage:** Wie erniedrigte Christus sich selbst in seinem Leben?

Antwort: Christus erniedrigte sich selbst in seinem Leben dadurch,

dass er sich selbst dem Gesetz unterwarf [a], das er vollkommen erfüllte [b], und dadurch, dass er gegen die Unreinheiten der Welt [c], die Versuchungen des Satans [d] und den Schwachheiten des Fleisches kämpfte, und zwar solchen, die für die menschliche Natur gewöhnlich sind, als auch solchen, die in besonderer Weise aus seinem niedrigen Zustand entstanden [e].

  a   Gal 4,4
  b   Mt 5,17; Röm 5,19
  c   Ps 22,7; Hebr 12,2-3
  d   Mt 4,1–12; Lk 4,13
  e   Hebr 2,17-18 + 4,15; Jes 52,13-14

49. **Frage:** Wie erniedrigte Christus sich selbst in seinem Tode?

Antwort: Christus erniedrigte sich selbst in seinem Tode:

Er wurde von Judas verraten [a], von seinen Jüngern verlassen [b], von der Welt verhöhnt und verworfen [c], von Pilatus verurteilt und von seinen Verfolgern gepeinigt [d].

Er rang mit den Schrecken des Todes und den Mächten der Finsternis.

Er schmeckte und trug den schrecklichen Zorn Gottes[e].

Schließlich gab er sein Leben als Opfer für die Sünde hin[f], indem er den schmerzhaften, schmachvollen und verfluchten Tod am Kreuz erduldete[g].

a Mt 27,4

b Mt 26,56

c Jes 53,2-3

d Mt 27,26-50; Joh 19,34

e Lk 22,44; Mt 27,46

f Jes 53,10

g Phil 2,8; Hebr 12,2; Gal 3,13

50. **Frage:** Worin bestand Christi Erniedrigung nach seinem Tode?

Antwort: Christi Erniedrigung nach seinem Tode bestand darin, dass er begraben wurde[a] und im Zustande der Toten und unter der Gewalt des Todes bis zum dritten Tage blieb[b]. Im apostolischen Glaubensbekenntnis wird dies mit folgenden Worten ausgedrückt: „hinabgestiegen in das Reich des Todes".[8]

a 1Kor 15,3-4

b Ps 16,10; Apg 2,24-27; Röm 6,9; Mt 12,40

51. **Frage:** Was ist der Stand der Erhöhung Christi?

Antwort: Der Stand der Erhöhung Christi umfasst seine Auferstehung[a], seine Himmelfahrt[b], sein Sitzen zur Rechten des Vaters[c] und seine Wiederkunft, um die Welt zu richten[d].

a 1Kor 15,4

b Mk 16,19

c Eph 1,20

d Apg 1,11 + 17,31

52. **Frage:** Wie wurde Christus in seiner Auferstehung erhöht?

Antwort: Christus wurde in seiner Auferstehung dadurch erhöht,

---

[8] Der letzte Satz wurde an die moderne Fassung des apostolischen Glaubensbekenntnisses angepasst. Ursprünglich hieß dies „hinabgestiegen in die Hölle."

dass er die Verwesung nicht gesehen hat; es war nämlich unmöglich, dass der Tod ihn halten konnte [a]

dass er am dritten Tage durch seine eigene Kraft auferstand [d] *von den Toten und zwar in demselben Leib, in dem er gelitten hatte und der noch die gleichen Eigenschaften wie vorher hatte* [b]*, jedoch ohne Sterblichkeit und ohne die allgemeinen Schwachheiten, die zu diesem Leben gehören. In dieser Auferstehung wurden Leib und Seele wieder vereint* [c]*.*

Auf diese Weise bewies er, dass er selbst der Sohn Gottes sei [e]*, der göttlichen Gerechtigkeit Genugtuung geleistet* [f]*, den Tod und den, der des Todes Gewalt hatte, besiegt habe* [g] *und dass er Herr sei über Lebendige und Tote* [h]*.*

Das alles tat er als bevollmächtigter Stellvertreter [i]*, als Haupt seiner Gemeinde* [j] *für ihre Rechtfertigung* [k]*, um sie in der Gnade zum Leben zu erwecken* [l]*, ihnen gegen ihre Feinde beizustehen* [m] *und sie ihrer Auferstehung von den Toten am Jüngsten Tage zu versichern* [n]*.*

a   Apg 2,24+27

b   Lk 24,39

c   Röm 6,9; Off 1,18

d   Joh 10,18

e   Röm 1,4

f   Röm 8,34

g   Hebr 2,14

h   Röm 14,9

i   1Kor 15,21-22

j   Eph 1,20, 22-23; Kol 1,18

k   Röm 4,25

l   Eph 2,1, 5-6; Kol 2,12

m   1Kor 15,25-27

n   1Kor 15,20

53. **Frage:** Wie wurde Christus in seiner Himmelfahrt erhöht?

Antwort: Christus wurde in seiner Himmelfahrt folgendermaßen erhöht:

Nachdem er nach seiner Auferstehung seinen Aposteln oftmals erschienen war und sie belehrt hatte, wobei er zu ihnen von den Dingen des Reiches

Gottes sprach*ᵃ* und ihnen den Auftrag gab, das Evangelium allen Völkern zu predigen*ᵇ*, fuhr er vierzig Tage nach seiner Auferstehung in unserer Natur und als unser Haupt*ᶜ* triumphierend über seine Feinde*ᵈ*, sichtbar in den höchsten Himmel auf, um dort Gaben für die Menschen zu empfangen*ᵉ*, um unsere sehnsuchtsvolle Erwartung dorthin zu richten*ᶠ* und uns eine Stätte zu bereiten*ᵍ*, wo er selber ist und bleiben wird bis zu seiner Wiederkunft am Ende der Weltzeit*ʰ*.

a Apg 1,2-3
b Mt 28,19-20
c Hebr 6,20
d Eph 4,8
e Apg 1,9-11; Eph 4,10; Ps 68,19
f Kol 3,1-2
g Joh 14,3
h Apg 3,21

54. **Frage:** Wie wird Christus in seinem Sitzen zur Rechten Gottes erhöht?

*Antwort: Christus wird in seinem Sitzen zur Rechten Gottes dadurch erhöht, dass er als Gottmensch zu der höchsten Gunst bei Gott dem Vater erhoben ist*ᵃ*,*

*mit aller Fülle der Freude*ᵇ*, der Herrlichkeit*ᶜ* und der Gewalt über alles im Himmel und auf Erden*ᵈ* ausgestattet ist*

*und dass er seine Gemeinde sammelt und beschützt und ihre Feinde unterwirft, seine Diener und sein Volk mit Gaben und Gnade ausrüstet*ᵉ* und sie vertritt*ᶠ*.*

a Phil 2,9
b Apg 2,28; Ps 16,11
c Joh 17,5
d Eph 1,22; 1Petr 3,22
e Eph 4,10-12; Ps 110,1
f Röm 8,34

55. **Frage:** Wie vertritt uns Christus?

Antwort: Christus vertritt uns dadurch, dass er beständig in unserer Natur vor dem Vater im Himmel [a] im Verdienst seines irdischen Gehorsams und Opfers erscheint [b]. Dort verwendet er sich für seine Auserwählten, damit ihnen seine Verdienste zugeeignet werden [c]. Er vertritt sie bei allen gegen sie erhobenen Anklagen [d]. Er schafft ihnen Ruhe des Gewissens trotz ihrer täglichen Verfehlungen [e] und Zutritt mit Freimütigkeit zu dem Gnadenthron [f]. Er sorgt dafür, dass sie selbst [g] und ihr Dienst [h] von Gott gnädig angenommen wird.

a Hebr 9,12+24

b Hebr 1,3

c Joh 3,16 + 17,9 + 20,24

d Röm 8,33+34

e Röm 5,1-2; 1Joh 2,1-2

f Hebr 4,16

g Eph 1,6

h 1Petr 2,5

56. **Frage:** Wie wird Christus erhöht werden, wenn er wiederkommt, um die Welt zu richten?

Antwort: Wenn er wiederkommt, um die Welt zu richten, wird Christus dadurch erhöht werden, dass er, der ungerecht von gottlosen Menschen gerichtet und verurteilt wurde [a], am jüngsten Tage wiederkommen wird mit großer Macht [b] und in der vollen Erweisung seiner eignen und seines Vaters Herrlichkeit mit allen seinen heiligen Engeln [c], mit einem lautem Ruf, mit der Stimme des Erzengels und mit der Posaune Gottes [d], um die ganze Welt in Gerechtigkeit zu richten [e].

a Apg 3,14-15

b Mt 24,30

c Lk 9,26; Mt 25,31

d 1Thess 4,16

e Apg 17,31

57. **Frage:** Welche Wohltaten hat Christus durch seine Mittlerschaft erworben?

Antwort: Christus hat durch seine Mittlerschaft die Erlösung ^a mit allen andern Wohltaten des Gnadenbundes ^b erworben.

- a **Hebr 9,12**
- b **2Kor 1,20**

58. Frage: Wie erlangen wir Anteil an den Wohltaten, die Christus erworben hat?

Antwort: Wir erlangen Anteil an den Wohltaten, die Christus erworben hat ^a, indem sie uns aus Gnaden zugeeignet werden, was insbesondere das Werk Gottes, des Heiligen Geistes, ist ^b.

- a **Joh 1,11-12**
- b **Tit 3,5-6**

59. Frage: Wer bekommt Anteil an der Erlösung durch Christus?

Antwort: Die Erlösung wird allen denen, für die Christus sie erworben hat ^a, gewiss zugeeignet und wirksam mitgeteilt. Zu seiner Zeit werden sie durch den heiligen Geist befähigt, gemäß dem Evangelium an Christus zu glauben ^b.

- a **Eph 1,13-14; Joh 6,37 + 39; Joh 10,15-16**
- b **Eph 2,8; 2Kor 4,13**

60. Frage: Können diejenigen, die niemals das Evangelium gehört haben und deshalb Jesus Christus weder kennen noch an ihn glauben, dadurch errettet werden, dass sie nach dem Licht der Natur leben?

Antwort: Nein! Diejenigen, welche niemals das Evangelium gehört haben ^a und darum Jesus Christus nicht kennen ^b und nicht an ihn glauben, können nicht errettet werden ^c. Mögen sie ihr Leben noch so sorgfältig nach dem Licht der Natur ^d oder dem Gesetz der Religion, die sie bekennen, einrichten ^e – es ist in keinem andern Heil als nur in Christus allein ^f, der der einzige Erlöser seines Leibes ist, der Gemeinde ^g.

- a **Röm 10,14**
- b **2Thess 1,8-9; Eph 2,12; Joh 1,10-12**
- c **Joh 8,24; Mk 16,16**
- d **1Kor 1,20-24**
- e **Joh 4,22; Röm 9,31-32; Phil 3,4-9**

f   Apg 4,12

g   Eph 5,23

VI. Die Gemeinde[9] Jesu

61. Frage: Werden alle errettet, die das Evangelium hören und zu einer Gemeinde gehören?

Antwort: Nicht alle, die das Evangelium hören und in der sichtbaren Gemeinde leben, werden errettet, sondern nur die, welche wahre Glieder der unsichtbaren Gemeinde sind[a].

a   Joh 12,38-40; Röm 9,6 + 11,7; Mt 7,21 + 22,14

62. Frage: Was ist die sichtbare Gemeinde?

Antwort: Die sichtbare Gemeinde besteht aus der Gemeinschaft all derer, welche zu allen Zeiten und an allen Orten der Welt den wahren Glauben an Jesus Christus bekennen[a]. [10]

a   1Kor 1,2 + 12,13; Röm 15,9-12; Off 7,9; Ps 2,8 + 22,27-31 + 45,17

   Mt 28,19-20; Jes 59,21

63. Frage: Welches sind die besonderen Vorrechte der sichtbaren Gemeinde?

Antwort: Die sichtbare Gemeinde hat folgende besondere Vorrechte:

sie lebt unter Gottes besonderer Fürsorge und Leitung[a],

sie wird von Gott ungeachtet des Widerstandes aller Feinde zu allen Zeiten beschützt und bewahrt,[b]

sie erfreut sich der Gemeinschaft der Heiligen, der Gnadenmittel[c] und an der Gnade, die in Jesus Christus ist, in dem Dienst des Evangeliums, der bezeugt, dass jeder, der an Jesus glaubt, errettet wird[d], und dass niemand ausgeschlossen wird, der zu ihm kommen will[e].

---

[9] „church" wird hier mit „Gemeinde" übersetzt; es entspricht dem Ausdruck „Kirche" in den alten Katechismen.

[10] Anstatt „true religion", was heutzutage missverständlich erscheint, wurde übersetzt „den wahren Glauben an Jesus Christus". „and of their children" wurde gemäß dem baptistischen Verständnis weggelassen.

a   Jes 4,5-6; 1Tim 4,10

b   Ps 115,1-2+9; Jes 31,4-5; Sach 12,2-4 + 8-9

c   Apg 2,39 + 42

d   Ps 147,19-20; Röm 9,4; Eph 4,11-12; Mk 16,15-16

e   Joh 6,37

64. **Frage:**   Was ist die unsichtbare Gemeinde?

Antwort: Die unsichtbare Gemeinde ist die Gesamtheit aller Auserwählten, die als Einheit unter Christus, dem Haupt, in der Vergangenheit gesammelt wurden oder jetzt und in Zukunft gesammelt werden [a].

a   Eph 1,20 + 22-23; Joh 10,16 + 11,52

65. **Frage:**   Welche besonderen Wohltaten genießen die Glieder der unsichtbaren Gemeinde durch Christus?

Antwort: Die Glieder der unsichtbaren Gemeinde genießen durch Christus Einheit und Gemeinschaft mit ihm in Gnade und Herrlichkeit [a].

a   Joh 17,21 + 24; Eph 2,5-6

66. **Frage:**   Worin besteht die Einheit, die die Auserwählten mit Christus haben?

Antwort: Die Einheit, die die Auserwählten mit Christus haben, ist das Werk der Gnade Gottes [a], *durch das sie geistlich und übernatürlich, jedoch wirklich und untrennbar mit Christus als ihrem Haupt und Eheherrn verbunden werden* [b]. *Dies geschieht in ihrer wirksamen Berufung* [c].

a   Eph 1,22 + 2,6-8

b   1Kor 6,17; Joh 10,28; Eph 5,23 + 30

c   1Petr 5,10; 1Kor 1,9

67. **Frage:** Was ist die wirksame Berufung?

Antwort: Die wirksame Berufung ist das Werk der Allmacht und Gnade Gottes [a], *durch das er seine Auserwählten zu seiner Zeit durch sein Wort und seinen Geist zu Jesus Christus einlädt und zieht* [c], *indem er ihren Verstand heilswirksam erleuchtet* [d] *und ihren Willen erneuert und mit Macht ausrichtet* [e].

Obwohl sie von Natur aus in sich tot in Sünde sind wie die anderen, werden sie durch dieses Wirken Gottes willig und fähig gemacht, seinem Ruf frei zu antworten und die Gnade anzunehmen und zu ergreifen, die ihnen darin angeboten und vermittelt wird[f].

Dies bewirkt Gott allein aus seiner freien und besonderen Liebe zu seinen Auserwählten; in ihnen selbst ist nichts, was ihn dazu bewegt[b].

a Joh 5,25; Eph 1,18-20; 2Tim 1,8-9

b Tit 3,4-5; Eph 2,4-5 + 7-9; Röm 9,11

c 2Kor 5,20 + 6,1-2; Joh 6,44; 2Thess 2,13-14

d Apg 26,18; 1Kor 2,10 + 12

e Hes 11,19 + 36,26-27; Joh 6,45

f Eph 2,5; Phil 2,13; 5Mo 30,6

68. **Frage:** Werden nur die Auserwählten wirksam berufen?

Antwort: Alle Auserwählten und nur sie werden wirksam berufen[a].

Andere werden zwar auch durch die Predigt des Wortes gerufen[b]; ja, der Geist Gottes wirkt sogar an ihnen in gewisser Weise[c]. Aufgrund ihrer absichtlichen Vernachlässigung und Verachtung der ihnen angebotenen Gnade kommen sie aber niemals wahrhaft zu Jesus Christus; sie werden gerechter Weise ihrem Unglauben überlassen[d].

a Apg 13,48

b Mt 22,14

c Mt 7,22 + 13,20-21; Hebr 6,4-6

d Joh 6,64-65 + 12,38-40; Apg 18,25-27; Ps 81,12-13

VII. Rechtfertigung, Kindschaft, Heiligung

69. **Frage:** Worin besteht die Gemeinschaft in der Gnade, die die Glieder der unsichtbaren Gemeinde mit Christus haben?

Antwort: Die Gemeinschaft in der Gnade, die die Glieder der unsichtbaren Gemeinde mit Christus haben, besteht darin, dass sie an dem Nutzen seiner Mittlerschaft Anteil haben, und zwar in ihrer Rechtfertigung[a], ihrer Kindschaft[b], ihrer Heiligung und an all den anderen Dingen, in denen sich ihre Einheit mit ihm in diesem Leben erweist[c].

a   Röm 8,30

b   Eph 1,5

c   1Kor 1,30

70. **Frage:** Was ist die Rechtfertigung?

Antwort: Die Rechtfertigung ist ein Werk der freien Gnade Gottes für Sünder[a], durch das er alle ihre Sünden vergibt, sie für gerecht erklärt und als gerechte Personen annimmt [b].

Dies tut er nicht aufgrund von irgendetwas, das sie gewirkt oder getan hätten [c], sondern allein aufgrund des vollkommenen Gehorsams und der völligen Genugtuung Christi, die Gott ihnen anrechnet [d] und die allein durch Glauben empfangen werden [e].

a   Röm 3,22 + 24-25 + 4,5

b   2Kor 5,19; Röm 3,22-28

c   Tit 3,5-7 ; Eph 1,7

d   Röm 4,6-8 + 5,17-19

e   Apg 10,43; Gal 2,16; Phil 3,9

71. **Frage:** Wie ist die Rechtfertigung ein Werk der freien Gnade Gottes?

Antwort: Obwohl Christus durch seinen Gehorsam und seinen Tod der Gerechtigkeit Gottes eine passende, wirkliche und volle Genugtuung für die, die gerechtfertigt werden, dargebracht hat [a], so geschieht dennoch ihre Rechtfertigung für sie aus freier Gnade! [b]

Gott nimmt nämlich die Genugtuung an, die er von ihnen hätte verlangen können und die er selbst durch einen Bürgen verschafft hat, nämlich seinen eignen Sohn [c], indem er ihnen dessen Gerechtigkeit zurechnet [d] und von ihnen zu ihrer Rechtfertigung nichts weiter als Glauben verlangt [e], der gleichfalls sein Geschenk ist [f].

a   Röm 5,8-10 + 19

b   Eph 1,7

c   2Tim 2,5-6; Hebr 7,22 + 10,10 ; Mt 20,28; Dan 9,24+ 26; Jes 53,4-6 + 10-12; Röm 8,32; 1Petr 1,18-19

d   2Kor 5,21

e   Röm 3,24-25

f   Eph 2,8

72. Frage: Was ist der rechtfertigende Glaube?

Antwort: Der rechtfertigende Glaube ist ein errettendes Gnadengeschenk[a], das durch den Geist[b] und das Wort[c] Gottes im Herzen eines Sünders gewirkt wird. Dadurch wird er von seiner Sünde und seinem Elend überführt, ebenso von seiner Unfähigkeit und der aller anderen Geschöpfe, ihn aus seinem verlorenen Zustand zu erretten[d].

Dieser so gewirkte errettende Glaube ist nicht allein ein volles Vertrauen auf die Wahrheit der Verheißung des Evangeliums[e], sondern er empfängt Christus und seine Gerechtigkeit und ruht in ihm, der darin dargeboten wird zur Vergebung der Sünden[f] und zur Annahme und Anrechnung seiner Person als gerecht vor Gottes Angesicht zur Erlösung[g].

- a   Hebr 10,39
- b   2Kor 4,13; Eph 1,17-19
- c   Röm 10,14+17
- d   Apg 2,37 + 4,12 + 16,30; Joh 16,8-9; Röm 5,6; Eph 2,1
- e   Eph 1,13
- f   Joh 1,12 ; Apg 10,43 + 16,31
- g   Phil 3,9; Apg 15,11

73. Frage: Wie rechtfertigt der Glaube einen Sünder vor dem Angesicht Gottes?

Antwort: Der Glaube rechtfertigt einen Sünder vor dem Angesicht Gottes nicht wegen der andern Gnadengaben, die ihn immer begleiten oder aufgrund der guten Werke, die seine Früchte sind[a]; auch nicht als ob die Gnadengabe des Glaubens oder irgendein Werk desselben ihm zu seiner Rechtfertigung angerechnet würde[b], sondern nur insofern als er ein Werkzeug ist, durch das er Christus und seine Gerechtigkeit empfängt und sich aneignet[c].

- a   Gal 3,11 ; Röm 3,28
- b   Röm 4,5 + 10,10
- c   Joh 1,12 ; Phil 3,9; Gal 2,16

74. Frage: Was ist die Annahme zur Kindschaft?

Antwort: Die Annahme zur Kindschaft ist ein Werk der freien Gnade Gottes[a] in seinem und für seinen einzigen Sohn Jesus Christus[b], durch das alle, die gerechtfertigt sind, als seine Kinder angenommen werden[c],

seinen Namen tragen[d],

den Geist seines Sohnes empfangen[e],

unter seiner väterlichen Fürsorge und Obhut stehen[f],

alle Freiheiten und Vorrechte der Kinder Gottes genießen

und zu Erben aller Verheißungen und zu Miterben Christi in seiner Herrlichkeit[g] gemacht werden.

- a 1Joh 3,1
- b Eph 1,5; Gal 4,4-5
- c Joh 1,12
- d 2Kor 4,18; Off 3,12
- e Gal 4,6
- f Pa 103,13; Spr 14,26; Mt 6,32
- g Hebr 6,12; Röm 8,17

75. **Frage:** Was ist die Heiligung?

Antwort: Die Heiligung ist ein Werk der Gnade Gottes, wodurch diejenigen, welche Gott vor Grundlegung der Welt zur Heiligkeit erwählt hat, in der Zeit durch das machtvolle Wirken seines Geistes[a], der ihnen den Tod und die Auferstehung Christi zueignet[b], an ihrem ganzen Menschen nach dem Bild Gottes erneuert werden[c].

Sie haben dadurch den Samen der Buße zum Leben und aller anderen errettenden Gnadengaben in ihren Herzen[d] und diese Gnadengaben werden dadurch so angefacht, vermehrt und gestärkt[e], dass sie mehr und mehr der Sünde absterben und zu neuem Leben auferstehen.

- a Eph 1,4; 1Kor 6,11; 2Thess 2,13
- b Röm 6,4-6
- c Eph 4,23-24
- d Apg 11,18; 1Joh 3,9
- e Jud 1,20; Hebr 6,11-12; Eph 3,16-19; Kol 1,10-11
- f Röm 6,4 + 6,14; Gal 5,24

76. Frage: Was ist die Buße zum Leben?

Antwort: Die Buße zum Leben ist eine errettende Gnadengabe[a], die der Geist[b] und das Wort[c] Gottes im Herzen eines Sünders wirken.

Sie bewirkt, dass der Sünder seine Sünden erkennt und die damit verbundene Gefahr[d] und ihre Unreinheit und Abscheulichkeit[e] empfindet.

Er wird inne, dass Gott sich über die erbarmt, die bußfertig sind[f], und er trägt Leid[g] über seine Sünden und hasst sie[h].

Daher wendet er sich von ihnen ab und kehrt um zu Gott[i] mit dem festen Vorsatz und Bestreben, beständig mit ihm auf allen Wegen des neuen Gehorsams zu wandeln[j].

- a 2Tim 2,25
- b Sach 12,10
- c Apg 11,18 + 20-21
- d Hes 18,28+30+32; Lk 15,17-18; Hos 2,6-7
- e Hes 36,31; Jes 30,22
- f Joe 2,12-13
- g Jer 31,18-19
- h 2Kor 7,11
- i Apg 26,18; Hes 14,5; 1Kö 8,47-48
- j Ps 119,6+59+128; Lk 1,6; 2Kö 23,25

77. Frage: Worin unterscheiden sich Rechtfertigung und Heiligung?

Antwort: Obwohl Heiligung und Rechtfertigung untrennbar miteinander verbunden sind[a], gibt es doch Unterschiede:

In der Rechtfertigung rechnet Gott dem Sünder die Gerechtigkeit Christi an[b], in der Heiligung dagegen gießt der Geist Gottes Gnade aus und befähigt dazu, sie auszuüben[c].

In der Rechtfertigung wird die Sünde vergeben[d], in der Heiligung dagegen wird sie überwunden[e].

Die Rechtfertigung macht alle Gläubigen gleich frei vom rächenden Zorn Gottes, und zwar vollkommen in diesem Leben, so dass sie niemals in Verdammnis fallen[f]. Die Heiligung dagegen ist weder in allen gleich[g], noch ist sie während dieses Lebens in irgendjemandem vollkommen[h], sondern sie wächst zur Vollkommenheit[i].

Der Große 1689 Katechismus

a 1Kor 1,30 + 6,11

b Röm 4,6+8

c Hes 36,27

d Röm 3,24-25

e Röm 6,6, 14

f Röm 8,33-34

g 1Joh 2,12-14; Hebr 5,12-14

h 1Joh 1,8+10

i 2Kor 7,1; Phil 3,12-14

78. Frage: Woher rührt die Unvollkommenheit der Heiligung in den Gläubigen?

Antwort: Die Unvollkommenheit der Heiligung in den Gläubigen ist auf die Sünde zurückzuführen, die bei ihnen in allen Teilen zurückbleibt.

Dazu kommen die ständigen Lüste des Fleisches wider den Geist, durch die sie oft von Versuchungen überwunden werden und in mancherlei Sünden fallen [a] und in all ihren geistlichen Diensten gehindert werden [b].

So sind selbst ihre besten Werke unvollkommen und unrein vor dem Angesicht Gottes [c]

a Röm 7,18+23; Mk 14,66-72; Gal 2,11-12

b Hebr 12,1

c Jes 64,6; 2Mo 28,38

79. Frage: Können wahrhaft Gläubige infolge ihrer Unvollkommenheiten und der vielen Versuchungen und Sünden, von denen sie überwältigt werden, aus dem Stand der Gnade fallen?

Antwort: Wahrhaft Gläubige können aufgrund der unwandelbaren Liebe Gottes [a] und seines Ratschlusses und Bundes, laut dessen er ihnen das Beharren verleiht [b],

ihrer untrennbaren Vereinigung mit Christus [c],

seiner unaufhörlichen Fürsprache für sie [d]

und des Geistes und Samens Gottes, die in ihnen bleiben [e],

weder gänzlich noch endgültig aus dem Stand der Gnade fallen [f]; sie werden vielmehr durch die Kraft Gottes bewahrt durch den Glauben zur Erlösung [g].

a   Jer 31,3

b   2Tim 2,19-21; 2Sam 23,5

c   1Kor 1,8-9

d   Hebr 7,25; Lk 22,32

e   1Joh 2,27 + 3,9

f   Jer 32,40; Joh 10,28

g   1Petr 1,5

80. Frage: Können wahrhaft Gläubige untrüglich sicher sein, dass sie im Stand der Gnade sind, und dass sie darin beharren werden zur Seligkeit?

Antwort: Solche, die wahrhaft an Christus glauben und danach streben, in allem guten Gewissen vor ihm zu wandeln [a], können ohne außergewöhnliche Offenbarung durch den Glauben, der sich auf Gottes Verheißungen gründet, und durch den Geist, der sie befähigt, in sich selbst die Gnadengaben zu unterscheiden, denen die Verheißungen des Lebens gelten [b], und der ihrem Geist Zeugnis gibt, dass sie Gottes Kinder sind [c], untrüglich sicher sein, dass sie im Stand der Gnade sind und darin beharren werden zur Seligkeit [d].

a   1Joh 2,3

b   1Kor 2,12; 1Joh 3,14+18-19+21+24 + 4,13+16; Hebr 6,11-12

c   Röm 8,16

d   1Joh 5,13

81. Frage: Sind sich alle wahrhaft Gläubigen zu allen Zeiten gewiss, dass sie gegenwärtig im Stand der Gnade sind und dass sie dereinst selig werden?

Antwort: Heilsgewissheit ist nicht wesentlicher Bestandteil des errettenden Glaubens [a]. So kann es lange dauern, bis wahrhaft Gläubige sie erlangen [b]. Selbst nachdem sie sie gewonnen haben, kann es geschehen, dass sie durch vielfältige Anfechtungen, Sünden, Versuchungen und Verlassenheit [c] geschwächt und unterbrochen wird.

Aber niemals werden sie ohne eine solche bewahrende Gegenwart und Unterstützung des Geistes Gottes gelassen, dass sie in äußerste Verzweiflung fallen [d].

a   Eph 1,13

b   Jes 50,10; Ps 88

c   Ps 22,2 + 31,22 + 51,8+12 + 77,1-12; Hl 5,2-3+6

d   1Joh 3,9 ; Hi 13,15; Ps 73,15+23; Jes 54,7-10

82. Frage: Was ist die Gemeinschaft in der Herrlichkeit, die die Glieder der unsichtbaren Gemeinde mit Christus haben?

Antwort: Die Gemeinschaft in der Herrlichkeit, die die Glieder der unsichtbaren Gemeinde mit Christus haben, besteht in diesem Leben[a], unmittelbar nach dem Tod[b] und zuletzt vollendet bei der Auferstehung und am Tag des Gerichts[c].

a   2Kor 3,18

b   Lk 23,43

c   1Thess 4,17

83. Frage: Was ist die Gemeinschaft in der Herrlichkeit mit Christus, die die Glieder der unsichtbaren Gemeinde in diesem Leben genießen?

Antwort: Die Glieder der unsichtbaren Gemeinde besitzen in diesem Leben die Erstlingsfrucht der Herrlichkeit mit Christus, da sie Glieder an ihm als ihrem Haupt sind und so in ihm Anteil haben an seiner vollkommenen Herrlichkeit.[a]

Als Unterpfand dafür genießen sie die Empfindung der Liebe Gottes[b], Frieden des Gewissens, Freude im heiligen Geist und die Hoffnung der Herrlichkeit.[c]

Im Gegensatz dazu erleiden die Verlorenen schon hier in diesem Leben das Empfinden des rächenden Zornes Gottes, Gewissensangst und ein schreckliches Erwarten des Gerichts. Dies ist der Anfang ihrer Qualen, die sie nach dem Tode erdulden müssen[d].

a   Eph 2,5

b   Röm 5,5 ; 2Kor 1,22

c   Röm 5,1-2 + 14,17

d   1Mo 4,13; Mt 27,4; Hebr 10,27; Röm 2,9; Mk 9,44

VIII. Die Lehre von den letzten Dingen

84. Frage: Werden alle Menschen sterben?

Antwort: Da der Tod der Lohn der Sünde ist [a], ist es allen Menschen bestimmt, einmal zu sterben [b], weil alle gesündigt haben [c].

   a   **Röm 6,23**

   b   **Hebr 9,27**

   c   **Röm 5,12**

85. Frage: Wenn der Tod der Lohn der Sünde ist, warum werden dann nicht die Gerechten vom Tod befreit, wenn doch alle ihre Sünden in Christus vergeben sind?

Antwort: Die Gerechten werden vom Tod selbst am letzten Tag befreit werden. Selbst im Tod sind sie von dessen Stachel und Fluch befreit [a], so dass, obwohl sie sterben, dies aus Gottes Liebe geschieht [b], um sie von Sünde und Elend vollkommen zu befreien [c] und sie zu tieferer Gemeinschaft mit Christus in der Herrlichkeit, in die sie dann eingehen, zu befähigen [d].

   a   **1Kor 15,26+55-56; Hebr 2,15**

   b   **Jes 57,1-2; 2Kö 22,20**

   c   **Off 14,13; Eph 5,27**

   d   **Lk 23,43 ; Phil 1,23**

86. Frage: Was ist die Gemeinschaft in der Herrlichkeit mit Christus, welche die Glieder der unsichtbaren Gemeinde unmittelbar nach dem Tod genießen?

Antwort: Die Gemeinschaft in der Herrlichkeit mit Christus, welche die Glieder der unsichtbaren Gemeinde unmittelbar nach dem Tode genießen, besteht darin, dass ihre Seele dann in Heiligkeit vollkommen gemacht [a] und in den höchsten Himmel aufgenommen wird [b].

Dort schauen sie das Angesicht Gottes in Licht und Herrlichkeit [c] und warten auf die volle Erlösung ihres Leibes [d]. Dieser ist auch im Tod mit Christus vereinigt [e] und ruht im Grab wie im Schlaf [f], bis er am letzten Tag wieder mit der Seele vereinigt wird [g].

Die Seele von Gottlosen wird beim Tod in die Hölle geworfen, wo sie in Qualen und äußerster Finsternis bleibt und ihr Leib im Grab wie in einem

Kerker festgehalten wird bis zur Auferstehung und zum Gericht des großen Tages [h].

a **Hebr 12,23**

b **2Kor 5,1, 6, 8; Phil 1,23; Apg 3,21; Eph 4,10**

c **1Joh 3,2; 1Kor 13,12**

d **Röm 8,23; Ps 16,9**

e **1Thess 4,14**

f **Jes 57,2**

g **Hi 19,26-27**

h **Lk 16,23-24; Apg 1,25; Jud 1,6-7**

87. **Frage:** Was sollen wir in Hinsicht auf die Auferstehung glauben?

Antwort: Wir sollen glauben, dass am letzten Tag eine allgemeine Auferstehung sowohl der Gerechten als auch der Ungerechten stattfinden wird [a]:

Die, welche dann leben, werden in einem Augenblick verwandelt werden, und die Leiber der Toten, die ins Grab gelegt wurden, werden dann durch die Macht Christi auferweckt und wieder für immer mit ihren Seelen vereinigt werden [b].

Die Leiber der Gerechten werden durch den Geist Christi und die Kraft seiner Auferstehung als ihres Hauptes in Macht, geistlich, unverweslich und seinem verklärten Leib gleich auferweckt werden [c].

Die Leiber der Gottlosen werden von ihm zum Gericht und zur Unehre auferweckt werden [d].

a **Apg 24,15**

b **1Kor 15,51-53; 1Thess 4,15-17; Joh 5,28-29**

c **1Kor 15,21-23+42-44; Phil 3,21**

d **Joh 5,27-29; Mt 25,33**

88. **Frage:** Was wird unmittelbar nach der Auferstehung folgen?

Antwort: Unmittelbar nach der Auferstehung wird das allgemeine und endgültige Gericht über Engel und Menschen folgen [a], *dessen Tag und Stunde aber niemand weiß, damit alle wachen und beten und jederzeit bereit sind für das Kommen des Herrn* [b].

a **2Petr 2,4; Jud 1,6-7+14-15; Mt 25,46**

b   Mt 24,36+42+44; Lk 21,35-36

89. Frage: Was wird mit den Gottlosen am Tage des Gerichts geschehen?

Antwort: Am Tage des Gerichts werden die Gottlosen zur Linken Christi ge-stellt [a]. Ihr Leben wird im Licht Gottes völlig offenbar und ihr eigenes Ge-wissen [b] wird sie überführen.

Das schreckliche, aber gerechte Verdammungsurteil wird über sie erge-hen [c]; daraufhin werden sie von der gnädigen Gegenwart Gottes, der herr-lichen Gemeinschaft mit Christus, seinen Heiligen und seinen heiligen En-geln ausgestoßen. Sie werden in der Hölle mit unaussprechlichen Qualen an Leib und Seele zusammen mit dem Teufel und seinen Engeln bestraft und zwar für immer und ewig [d].

a   Mt 25,33
b   Röm 2,15-16
c   Mt 25,41-43
d   Lk 16,26 ; 2Thess 1,8-9

90. Frage: Was wird mit den Gerechten am Tage des Gerichts geschehen?

Antwort: Am Tage des Gerichts werden die Gerechten dem wiederkommen-den Christus in den Wolken begegnen [a] und dann zu seiner Rechten gestellt werden. Dort werden sie öffentlich anerkannt und freigesprochen wer-den [b].

Zusammen mit Christus werden sie die gefallenen Engel und Menschen richten [c]. Sie werden in den Himmel aufgenommen werden [d], wo sie völlig und für immer und ewig von aller Sünde und allem Elend befreit [e], mit un-ermesslicher Freude erfüllt [f], vollkommen heilig und glücklich an Leib und Seele, in Gemeinschaft mit unzähligen Heiligen und Engeln [g] leben werden.

Ganz besonders aber werden sie die unmittelbare Gegenwart Gottes des Vaters, unseres Herrn Jesus Christus und des Heiligen Geistes bis in alle Ewigkeit genießen [h].

Dies ist die vollkommene und völlige Gemeinschaft, die die Glieder der un-sichtbaren Gemeinde mit Christus in der Herrlichkeit bei der Auferstehung vom Tag des Gerichts an genießen werden.

a   1Thess 4,17
b   Mt 10,32+25,33

c   1Kor 6,2-3
d   Mt 25,34+46
e   Eph 5,27; Off 14,13
f   Ps 16,11
g   Hebr 12,22-23
h   1Joh 3,2 ; 1Kor 13,12; 1Thess 4,17-18

IX. Das immer gültige Gesetz Gottes

91. Frage: Welche Pflicht fordert Gott vom Menschen?

Antwort: Gott fordert vom Menschen Gehorsam gegen seinen offenbarten Willen [a].

   a   Röm 12,1-2; Mi 6,8; 1Sam 15,22

92. Frage: Was hat Gott dem Menschen am Anfang als Regel für seinen Gehorsam offenbart?

Antwort: Die Regel für den Gehorsam, die Adam im Stande der Unschuld und der ganzen Menschheit in ihm offenbart wurde, war – abgesehen von einem besonderen Gebot, nicht von der Frucht des Baumes der Erkenntnis des Guten und Bösen zu essen – das Moralgesetz [a].

   a   1Mo 1,26-27 + 2,17; Röm 2,14-15 + 10,5

93. Frage: Was ist das Moralgesetz?

Antwort: Das Moralgesetz ist die Erklärung des Willens Gottes an die Menschheit, die jeden einzelnen anweist und verpflichtet zu persönlichem, vollkommenem und immerwährendem Gehorsam und Übereinstimmung mit diesem Gesetz.

Dies bezieht sich auf den ganzen Menschen in Seele und Leib [a] und auf die Erfüllung all dieser heiligen und gerechten Pflichten, die er Gott und Menschen schuldig ist [b].

Dabei wird denen, die es erfüllen, Leben verheißen, und denen, die es übertreten, der Tod angedroht [c].

a 5Mo 5,1-3+31+33; Lk 10,26-27; Gal 3,10; 1Thess 5,23

b Lk 1,75; Apg 14,16

c Röm 10,5; Gal 3,10+12

94. Frage: Hat das Moralgesetz für den Menschen seit dem Fall irgendwelchen Nutzen?

Antwort: Zwar kann kein Mensch nach dem Fall durch das Moralgesetz Gerechtigkeit und Leben erlangen [a]; trotzdem hat es doch einen großen Nutzen, sowohl einen gemeinsamen für alle Menschen, als auch einen besonderen je nachdem für die Nichtwiedergeborenen oder die Wiedergeborenen [b].

a Röm 8,3; Gal 2,16

b 1Tim 1,8

95. Frage: Welchen Nutzen hat das Moralgesetz für alle Menschen?

Antwort: Für alle Menschen hat das Moralgesetz folgenden Nutzen:

Es belehrt sie über Gottes heilige Natur und seinen heiligen Willen [a] und über ihre Pflicht, gemäß diesem Gesetz zu leben [b].

Es überführt sie von ihrer Unfähigkeit, es zu halten und von der sündhaften Befleckung ihrer Natur, ihres Herzens und ihres Lebens [c].

Es demütigt sie in der Empfindung ihrer Sünde und ihres Elends [d]; dadurch hilft es ihnen, deutlicher zu verstehen, wie sehr sie Christus brauchen [e] und wie vollkommen seine Gehorsam war [f].

a 3Mo 11,44-45+20,7-8; Röm 7,12

b Mi 6,8; Jak 2,10

c Ps 19,11-12; Röm 3,20+7,7

d Röm 3,9+23

e Gal 3,21-22

f Röm 10,4

96. Frage: Welchen besonderen Nutzen hat das Moralgesetz für nicht wiedergeborene Menschen?

Antwort: Für nicht wiedergeborene Menschen hat das Moralgesetz folgenden Nutzen:

Es erweckt ihr Gewissen, damit sie dem künftigen Zorn entfliehen [a].

Es treibt sie zu Christus [b];

oder, wenn sie im Stand und auf dem Weg der Sünde bleiben, nimmt es ihnen jegliche Entschuldigung dafür [c], *dass sie unter dem Fluch des Gesetzes bleiben* [d].

a **1Tim 1,9-10**

b **Gal 3,24**

c **Röm 1,20 + 2,15**

d **Gal 3,10**

97. **Frage:** Welchen besonderen Nutzen hat das Moralgesetz für die Wiedergeborenen?

Antwort: Die Menschen, die wiedergeboren sind und an Christus glauben, sind zwar von dem Moralgesetz als einem Bund der Werke befreit [a], *so dass es sie weder rechtfertigt* [b] *noch verdammt* [c]; *trotzdem hat das Moralgesetz für wiedergeborene Menschen neben dem Nutzen, den es für alle Menschen hat, noch weiteren besonderen Nutzen und zwar folgenden:*

Es zeigt ihnen, wie sehr sie Christus dafür verpflichtet sind, dass er dieses Gesetz erfüllt und seinen Fluch an ihrer Statt und zu ihrem Besten erduldet hat [d].

Dadurch leitet es sie zu größerer Dankbarkeit an [e] *und dazu, diese darin auszudrücken, dass sie mit größter Sorgfalt in Übereinstimmung mit ihm als der Regel ihres Gehorsams leben* [f].

a **Röm 6,14 + 7,4+6; Gal 4,4-5**

b **Röm 3,20**

c **Gal 5,23; Röm 8,1**

d **Röm 7,24-25 + 8,3-4; Gal 3,13-14**

e **Lk 1,68-69+74-75; Kol 1,12-14**

f **Röm 7,22 + 12,2; Tit 2,11-14**

98. **Frage:** Wo ist das Moralgesetz summarisch zusammengefasst?

Antwort: Das Moralgesetz ist summarisch zusammengefasst in den zehn Geboten, die auf dem Berge Sinai von der Stimme Gottes verkündigt und von ihm auf zwei steinerne Tafeln geschrieben wurden [a], *so wie es im 20. Kapitel des zweiten Buches Mose aufgezeichnet ist.*

Die ersten vier Gebote beschreiben unsere Pflicht gegen Gott, die sechs andern unsere Pflicht gegen den Menschen [b].

a   5Mo 10,4; 2Mo 34,1-4

b   Mt 22,37-38+40

99. **Frage:**   Welche Regeln sind zum rechten Verständnis der zehn Gebote zu beachten?

Antwort: Zum rechten Verständnis der zehn Gebote sind folgende Regeln zu beachten:

1. Das Gesetz ist vollkommen und verpflichtet jeden Einzelnen zur vollen Übereinstimmung damit nach dem ganzen Menschen und zu völligem, immerwährendem Gehorsam. Es verlangt die höchste Vollendung jeder Pflicht und verbietet selbst den geringsten Grad jeder Sünde [a].

2. Es ist geistlich; darum erstreckt es sich auf den Verstand, den Willen, die Gemütsbewegungen und alle anderen Kräfte der Seele, wie auch auf Worte, Werke und Gebärden [b].

3. Eine und dieselbe Sache wird in verschiedenen Beziehungen in mehreren Geboten gefordert oder verboten [c].

4. Wo eine Pflicht geboten wird, da wird die entgegen gesetzte Sünde verboten [d], und wo eine Sünde verboten wird, da wird die entgegen gesetzte Pflicht geboten [e], wo aber eine Verheißung beigefügt wird, da ist die entgegen gesetzte Drohung eingeschlossen [f] und wo eine Drohung beigefügt wird, da ist die entgegen gesetzte Verheißung eingeschlossen [g].

5. Was Gott verbietet, darf zu keiner Zeit getan werden [h]. Was er gebietet, ist allezeit unsere Pflicht [i], und doch ist nicht jede besondere Pflicht zu allen Zeiten zu tun [j].

6. Unter einer Sünde oder Pflicht werden alle von derselben Art verboten oder geboten, gleichzeitig mit allen ihren Ursachen, Mitteln, Gelegenheiten, Erscheinungsformen und allen Anreizen zu ihnen [k].

7. Wir sind verpflichtet, gemäß unserer Stellung uns zu bemühen, dass das, was uns selbst verboten oder geboten ist, von andern gemäß der Pflicht ihrer Stellung gemieden oder ausgeführt wird [l].

8. Wir sind verpflichtet, gemäß unserer Stellung und unseres Berufs andern in dem zu helfen, was ihnen geboten ist [m]. Wir müssen uns davor hüten, mit andern an etwas teilnehmen, was ihnen verboten ist [n].

a   Ps 19,7; Jak 2,10; Mt 5,21-22

b   Röm 7,14; 5Mo 6,5; Mt 5,21-22+27-28+33-34+37-39+43-44; Mt 22,37-39

c   Kol 3,5; Am 8,5; Spr 1,19; 1Tim 6,10

d   Jes 58,13; 5Mo 6,13; Mt 4,9-10 + 15,4-6

e   Mt 5,21-25; Eph 4,28

f   2Mo 20,12; Spr 30,17

g   Jer 18,7-8; 2Mo 20,7; Ps 15,1+4-5 + 24,4-5

h   Hi 13,7 + 36,21; Röm 3,8; Hebr 11,25

i   5Mo 4,8-9

j   Mt 12,7

k   Mt 5,21-22, 27-28; 15,4-6; Hebr 10,24-25; 1Thess 5,22-23; Gal 5,26; Kol 3,21

l   1Mo 18,19; 2Mo 20,10; 3Mo 19,17; Jos 24,15; 5Mo 6,6-7

m   2Kor 1,24

n   1Tim 5,22

100. **Frage:** Welche besonderen Teile haben wir bei den 10 Geboten zu betrachten?

Antwort: Wir haben bei den zehn Geboten zu betrachten:

- die Vorrede
- den wesentlichen Inhalt der Gebote selbst und
- die verschiedenen Gründe, die einigen von ihnen beigefügt sind, um sie noch mehr zu bekräftigen.

101. **Frage:** Wie lautet die Vorrede zu den zehn Geboten?

Antwort: Die Vorrede zu den zehn Geboten ist in folgenden Worten enthalten:

„Ich bin der HERR, dein Gott, der ich dich aus dem Land Ägypten, aus dem Haus der Knechtschaft, herausgeführt habe."[a]

Darin bezeugt Gott seine Souveränität, als der HERR, der ewige, unveränderliche und allmächtige Gott[b], der sein eigenes Sein in und von sich selbst hat[c] und der allen seinen Worten[d] und Werken[e] das Sein gibt. Er bezeugt sich als der Gott des Bundes, den er einst mit Israel und damit mit seinem Volk[f] geschlossen hat.

Wie er Israel aus seiner Knechtschaft in Ägypten herausgebracht hat, so errettet er uns von unserer geistlichen Knechtschaft[g]. Deswegen sind wir verpflichtet, ihn allein als unseren Gott anzunehmen und alle seine Gebote zu halten[h].

a 2Mo 20,2

b Jes 44,6

c 2Mo 3,14

d 2Mo 6,3

e Apg 17,24+28

f 1Mo 17,7; Röm 3,29

g Lk 1,74-75

h 1Petr 1,15-18; 3Mo 18,30 + 19,37

102. **Frage:** Was ist die Summe der vier Gebote, die unsere Pflicht gegen Gott enthalten?

Antwort: Die Summe der ersten vier Gebote ist: wir sollen Gott unsern Herrn lieben mit unserem ganzen Herzen, mit ganzer Seele, mit ganzer Kraft und mit ganzem Denken.

a Lk 10,27

103. **Frage:** Wie lautet das erste Gebot?

Antwort: Das erste Gebot lautet: „Du sollst keine anderen Götter neben mir haben!"[a]

a 2Mo 20,3

104. **Frage:** Welche Pflichten werden im ersten Gebot gefordert?

Antwort: Die Pflichten, die im ersten Gebot gefordert werden:

dass wir Gott erkennen und anerkennen als den allein wahren Gott und als unsern Gott[a],

dass wir ihn demgemäß anbeten und verherrlichen[b], in unserem Denken[c], unserem Nachsinnen[d] und in unserer Erinnerung[e], dass wir ihn hochschätzen[f], ehren[g], anbeten[h], erwählen[i], lieben[j], nach ihm verlangen[k], ihn fürchten[l], an ihn glauben[m], ihm vertrauen[n], auf ihn hoffen[o], uns seiner freuen[p,q], für ihn eifern[r], ihn mit Lob und Dank anrufen[s], ihm von ganzem Herzen gehorsam und untertänig sind[t],

in allem danach streben, ihm zu gefallen[u] und trauern, wenn er durch irgendetwas betrübt ist[v]

und demütig vor ihm wandeln[w].

a   1Chr 28,9; 5Mo 26,17; Jes 43,10; Jer 14,22

b   Ps 29,2 + 95,6-7; Mt 4,10

c   Mal 3,16

d   Ps 63,6

e   Pred 12,1

f   Ps 71,19

g   Mal 1,6

h   Jes 45,23

i   Jos 24,15+22

j   5Mo 6,5

k   Ps 73,25

l   Jes 8,13

m   2Mo 14,31

n   Jes 26,4

o   Ps 130,7

p   Ps 37,4

q   Ps 32,11

r   Röm 12,11; 4Mo 25,11

s   Phil 4,6

t   Jer 7,28; Jak 4,7

u   1Joh 3,22

v   Jer 31,18; Ps 119,136

w   Mi 6,8

105. **Frage:** Welche Sünden werden im ersten Gebot verboten?

Antwort: Folgende Sünden werden im ersten Gebot verboten:

Atheismus, indem man Gott leugnet oder keinen Gott hat[a];

Götzendienst, indem man mehr als einen Gott oder irgendeinen anderen Gott neben dem wahren Gott oder anstatt seiner hat oder verehrt[b];

dass wir ihn nicht als unsern Gott haben und bekennen[c];

dass wir irgendeine Pflicht unterlassen oder vernachlässigen, die in diesem Gebot gefordert wird[d];

Unkenntnis Gottes[e];

Gott zu vergessen[f];

irrige Vorstellungen[g] oder falsche Meinungen[h], unwürdige und böse Gedanken über ihn[i];

vorwitziges und neugieriges Erforschen seiner Geheimnisse[j];

alle Weltlichkeit[k];

Hass gegen Gott[l];

Selbstliebe[m], Selbstsucht[n] und jede andere unordentliche und unmäßige Richtung unseres Gemütes, unseres Willens oder unserer Neigungen auf anderes, wodurch wir ihm diese ganz oder teilweise entziehen[o],

nichtige Leichtgläubigkeit[p], Unglaube[q], Irrlehre[r], falscher Glaube[s], Misstrauen[t], Verzweiflung[u], Unverbesserlichkeit[v] und Unempfindlichkeit unter seinen Gerichten[w], Herzenshärte[x], Hochmut[y], Überheblichkeit[z], fleischliche Sicherheit[aa], Gott zu versuchen[ab], unerlaubte Mittel zu gebrauchen[ac] und sich auf erlaubte Mittel verlassen[ad],

fleischliche Lüste und Freuden[ae],

verkehrter, blinder und vorwitziger Eifer[af],

Lauheit[ag] und Gleichgültigkeit in Sachen Gottes[ah],

Entfremdung und Abfall von Gott[ai],

zu Heiligen, Engeln oder irgendwelchen anderen Geschöpfen zu beten oder sie zu verehren[aj],

alle Bündnisse mit dem Teufel, Befragungen des Teufels[ak] und das Hören auf seine Eingebungen[al],

Menschen zu Herren unseres Glaubens und Gewissens zu machen[am],

Gott und seine Gebote gering zu schätzen und zu verachten[an],

seinem Geist zu widerstreben und ihn zu betrüben[ao],

unzufrieden und ungeduldig mit seinen Fügungen zu sein und ihn töricht-
terweise für die Lasten, die er uns auferlegt, anzuklagen [ap],

die Ehre für irgendetwas Gutes, das wir sind, haben oder tun können, dem
Schicksal, dem Glück [aq], den Götzen [ar], uns selbst [as] oder irgendeinem andern Geschöpf zuzuschreiben [at].

a   Ps 14,1; Eph 2,12

b   Jer 2,27-28; 1Thess 1,9

c   Ps 81,11

d   Jes 43,22-24

e   Jer 4,22; Hos 4,1+6

f   Jer 2,32

g   Apg 17,23+29

h   Jes 40,18

l   Ps 50,21

j   5Mo 29,29

k   Tit 1,16; Hebr 12,16

l   Röm 1,30

m   2Tim 3,2

n   Phil 2,21

o   1Joh 2,15-16; 1Sam 2,29; Kol 3,2+5

p   1Joh 4,1

q   Hebr 3,12

r   Gal 5,20; Tit 3,10

s   Apg 26,9

t   Ps 78:22

u   1Mo 4,13

v   Jer 5,3

w   Jes 42,25

x   Röm 2,5

y   Jer 13,15

z   Ps 19,13

aa Zeph 1,12

ab Mt 4,7

ac Röm 3,8

ad Jer 17,5

ae 2Tim 3,4

af Gal 4,17; Joh 16,2; Röm 10,2; Lk 9,54-55

ag Off 3,16

ah Off 3,1

ai Hes 14,5; Jes 1,4-5

aj Röm. 1,25; 10,13-14; Hos 4,12; Apg 10,25-26; Off 19,10; Mt 4,10; Kol 2,18

ak 3Mo 20,6; 1Sam 28,7+11; 1Chr 10,13-14

al Apg 5,3

am 2Kor 1,24; Mt 23,9

an 5Mo 32,15; 2Sam 12,9; Spr 13,13

ao Apg 7,51; Eph 4,30

ap Ps 73,2-3+13-15+22; Hi 1,22

aq 1Sam 6,7-9

ar Dan 5,23

as 5Mo 8,17; Dan 4,30

at Hab 1,16

106. Frage: Was lehren uns die Worte „neben mir" im ersten Gebot im Besonderen?

Antwort: Die Worte „neben mir" oder „vor meinem Angesicht" im ersten Gebot lehren uns, dass Gott, der alle Dinge sieht, besonders die Sünde, irgendeinen andern Gott zu haben, wahrnimmt und großes Missfallen an ihr hat.

Das soll uns davon abschrecken und es uns als eine ganz abscheuliche Beleidigung darstellen [a]. Es soll uns auch überzeugen, dass wir alles, was wir in seinem Dienst tun, vor seinem Angesicht tun [b].

a   Hes 8,5-18; Ps 44,20-21

b   1Chr 28,9; Jer 16,17

107. Frage: Wie lautet das zweite Gebot?

Antwort: Das zweite Gebot lautet: Du sollst dir kein Bildnis noch irgendein Gleichnis machen, weder von dem, was oben im Himmel, noch von dem, was unten auf Erden, noch von dem, was in den Wassern, unter der Erde ist. Bete sie nicht an und diene ihnen nicht! Denn ich, der HERR, dein Gott, bin ein eifersüchtiger Gott, der die Schuld der Väter heimsucht an den Kindern bis in das dritte und vierte Glied derer, die mich hassen, der aber Gnade erweist an vielen Tausenden, die mich lieben und meine Gebote halten. [a]

a 2Mo 20,4-6

108. **Frage:** Welche Pflichten werden im zweiten Gebot gefordert?

Antwort: Die Pflichten, die im zweiten Gebot gefordert werden:

dass wir alle diejenigen Gottesdienste und Ordnungen, die Gott in seinem Wort vorgeschrieben hat, annehmen, beachten und rein und vollständig bewahren, [a]

insbesondere Gebet und Danksagung im Namen Christi [b],

das Lesen, Predigen und Hören des Wortes [c],

die Verwaltung und den Empfang der Sakramente [d],

Gemeindeleitung und Gemeindezucht [e], *sowohl in der Anwendung als auch in ihrer Erhaltung* [f],

religiöses Fasten [g], *Schwören beim Namen Gottes* [h] *und Leisten von Gelübden vor ihm* [i]*;*

ebenso, dass wir alle falsche Gottesverehrung missbilligen, verabscheuen und bekämpfen [j] *und dass jeder einzelne gemäß seiner Stellung und Berufung sie und alle Götzenbilder entfernt* [k].

a 5Mo 32,46-47; Mt 28,20; Apg 2,42; 1Tim 6,13-14

b Phi. 4,6; Eph 5,20

c 5Mo 17,18-19; Apg 15,21; 2Tim 4,2; Jak 1,21-22

d Mt 28,19; 1Kor 11,23-30

e Mt 16,19; 18,15-17; 1Kor 5; 12,28

f Eph 4,11-12; 1Tim 5,17-18; 1Kor 9,1-15

g Joel 2,12-13; 1Kor 7,5

h 5Mo 6,13

i Jes 19,21; Ps 76,11

j Apg 17,16-17; Ps 16,4

k 5Mo 7,5; Jes 30,22

109. Frage: Welche Sünden werden im zweiten Gebot verboten?

Antwort: Folgende Sünden werden im zweiten Gebot verboten:

Irgendeinen Gottesdienst, den Gott nicht selbst angeordnet hat zu ersinnen [a], zu empfehlen [b], anzuordnen [c], auszuüben [d] oder gutzuheißen [e];

eine falsche Religion als richtig gelten zu lassen [f];

irgendeine Darstellung Gottes oder einer der drei Personen der Gottheit herzustellen, es sei innerlich in unserm Denken oder äußerlich in irgendeiner Art von Bildnis oder Gleichnis eines Geschöpfes, was es auch immer sei [g];

ein solches Bild [h] oder Gott in ihm oder durch dasselbe zu verehren [i];

Abbildung von falschen Götter herzustellen [j], diese zu verehren oder im Gottesdienst zu gebrauchen [k];

abergläubischen Fabeln irgendwelcher Art zu folgen [l], die die Anbetung Gottes verunreinigen [m];

dem Gottesdienst irgendetwas hinzuzufügen oder davon wegzunehmen [n], gleichgültig ob wir es selbst erfunden und eingeführt haben [o] oder ob wir es aus Tradition von anderen übernommen haben [p], weil das schon immer so war [q], oder weil das so Sitte ist [r], oder aus Eifer [s], guter Absicht, oder aus irgendeinem anderen Grund [t];

Simonie (Kauf oder Verkauf von kirchlichen Ämtern, Sakramenten, Gebeten usw.) [u],

Stehlen oder Veruntreuen von Eigentum der Gemeinde [v];

jegliches Vernachlässigen [w], Verachten [x], Behindern [y] oder Bekämpfen des Gottesdienstes und der Ordnungen, die Gott festgesetzt hat [z].

a 4Mo 15,39

b 5Mo 13,6-8

c Hos 5,11; Mi 6,16

d 1Kö 11,33 + 12,33

e 5Mo 12,30-32

f 5Mo 13,6-12; Sach 13,2-3; Off 2,2+14-15+20; Off 17,12+16-17

g 5Mo 4,15-19; Apg 17,29; Röm 1,21-23+25

h Dan 3,18; Gal 4,8

i 2Mo 32,5

j   2Mo 32,8

k   1Kö 18,26+28; Jes 65,11

l   Apg 17,22; Kol 2,21-23

m   Mal 1,7-8+14

n   5Mo 4,2

o   Ps 106,39

p   Mt 15,9

q   1Petr 1,18

r   Jer 44,17

s   Jes 65,3-5; Gal 1,13-14

t   1Sam 13,11-12 + 15,21

u   Apg 8,18

v   Röm 2,22; Mal 3,8

w   2Mo 4,24-26

x   Mt 22,5; Mal 1,7+13

y   Mat 23,13

z   Apg 13,44-45; 1Thess 2,15-16

110. **Frage:** Welche Gründe sind dem zweiten Gebot beigefügt, um es noch mehr zu bekräftigen?

Antwort: *Die Gründe, die dem zweiten Gebot beigefügt sind, sind in den Worten enthalten:*

„Denn ich, der HERR, dein Gott, bin ein eifersüchtiger Gott, der die Schuld der Väter heimsucht an den Kindern bis in das dritte und vierte Glied derer, die mich hassen, der aber Gnade erweist an vielen Tausenden, die mich lieben und meine Gebote halten."[a]

Diese Gründe sind, abgesehen von Gottes Herrschaft über uns und seinem Eigentumsrecht an uns[b]:

Sein brennender Eifer für seine eigene Anbetung[c] und sein rächender Unwille gegen alle falsche Gottesverehrung, die er als geistlichen Ehebruch ansieht[d].

Gott betrachtet Übertreter dieses Gebotes als solche, die ihn hassen, und droht ihnen Strafe an, die sich über mehrere Generationen erstrecken kann[e].

Gott achtet diejenigen, die dieses Gebot beachten, als solche, die ihn lieben und seine Gebote halten, und er verheißt ihnen Barmherzigkeit, die sich über viele Generationen erstreckt[f].

a **2Mo 20,5-6**

b **Ps 45,11**

c **2Mo 34,13-14**

d **1Kor 10,20-22; Jer 7,18-20; Hes 16,26-27; 5Mo 32,16-17**

e **Hos 2,2-4**

f **5Mo 5,29**

111. **Frage:** Wie lautet das dritte Gebot?

Antwort: Das dritte Gebot lautet: Du sollst den Namen des HERRN, deines Gottes, nicht missbrauchen! Denn der HERR wird den nicht ungestraft lassen, der seinen Namen missbraucht.[a]

a **2Mo 20,7**

112. **Frage:** Welche Pflichten werden im dritten Gebot gefordert?

Antwort: Die Pflichten, die im dritten Gebot gefordert werden:

dass der Name Gottes, seine Bezeichnungen, Eigenschaften[a], Ordnungen[b], sein Wort[c], die Sakramente[d], das Gebet[e], Eide[f], Gelübde[g], seine Werke[h] und überhaupt alles, wodurch er sich selbst zu erkennen gibt, heilig und ehrerbietig gebraucht werden sollen in Gedanken[i] und Überlegung[j], im Reden[k] und Schreiben[l].

Dies sollen wir tun durch ein heiliges Bekenntnis[m] und verantwortungsvollen Wandel[n] zur Ehre Gottes[o] und zum Besten für uns selbst[p] und andere[q].

a **Mt 6,9; 5Mo 28,58; Ps 29,2 + 68,4; Off 15,3-4**

b **Mal 1,14; Pred 5,1**

c **Ps 138,2**

d **1Kor 11,24-25+28-29**

e **1Tim 2,8**

f **Jer 4,2**

g **Pred 5,2+4-6**

h **Hi 36,24**

i **Mal 3,16**

j   Ps 8,1+3-4+9

k   Kol 3,17; Ps 105,2+5

l   Ps 102,18

m   1Petr 3,15; Mi 4,5

n   Phil 1,27

o   1Kor 10,31

p   Jer 32,39

q   1Petr 2,12

113. **Frage:** Welche Sünden werden im dritten Gebot verboten?

Antwort: Folgende Sünden werden im dritten Gebot verboten:

den Namen Gottes nicht in der geforderten Weise zu gebrauchen[a];

ihn in unwissender [b], eitler [c], unehrerbietiger, unheiliger [d], abergläubischer[e] oder gottloser Weise zu gebrauchen;

Gottes Namen, Eigenschaften[f], Ordnungen oder Werke [g], zum Lästern zu verwenden[h], oder zu Meineid[i], zum Fluchen[j] oder zu albernen Witzeleien;

sündige Eide oder Gelübde[k] abzulegen und zu halten[l],

rechtmäßige Eide und Gelübde nicht zu halten[m],

über Gottes Ratschlüsse und Vorsehung zu murren und mit ihnen zu hadern[n], oder sie aus reiner Neugier erforschen wollen[o] und sie falsch anzuwenden[p];

das Wort Gottes oder Teile davon falsch auszulegen[q], falsch anzuwenden[r] oder zu verdrehen[s];

das Wort Gottes zu unheiligen Witzen[t], neugierigen und unnützen Fragen[u] oder eitlen Streitigkeiten zu missbrauchen;

das Wort Gottes zur Verteidigung falscher Lehren missbrauchen[v];

das Wort Gottes, irgendetwas Geschaffenes oder irgendetwas, das unter dem Namen Gottes begriffen ist, zu Zaubereien [w], sündhaften Lüsten und Handlungen[x] zu missbrauchen;

Gottes Wahrheit, Gnade und Wege zu verlästern[y], zu verspotten[z], zu verachten[aa] oder ihnen irgendwie zu widerstehen[ab];

Glauben an Gott zu heucheln oder zu bösen Zwecken zu bekennen[ac];

sich für seinen Glauben an Gott zu schämen [ad] oder eine Schande dafür zu sein durch verwerflichen Zweifel [ae], unweisen [af], unfruchtbaren [ag] und anstößigen Wandel [ah] oder durch Abfall von Gott [ai].

a   Mal 2,2

b   Apg 17,23

c   Spr 30,9

d   Mal 1,6-7+12 + 3,14

e   1Sam 4,3-5; Jer 7,4+9-10+14+31; Kol 2,20-22

f   2Kö 18,30+35; 2Mo 5,2; Ps 139,20

g   Ps 50,16+17

h   Jes 5,12

i   2Kö 19,22; 3Mo 24,11

j   Sach 5,4 + 8,17

k   1Sam 17,43; 2Sam 16,5; Jer 5,7 + 23,10

l   Ps 24,4; Hes 17,16+18-19

m Est 3,7 + 9,24; Ps 22,18

n   Mk 6,26; 1Sam 25,22+32-34

o   Röm 9,14+19-20

p   5Mo 29,29; Röm 3,5+7 + 6,1-2

q   Pred 8,11 + 9,3; Ps 39

r   Mt 5,21-48

s   Hes 13,22

t   2Petr 3,16; Mt 22,24-31

u   Jes 22,18; Jer 23,34+36+38

v   1Tim 1,4+6-7 + 6,4-5+20; 2Tim 2,14; Tit 3,9

w   5Mo 18,10-14; Apg 19,13

x   2Tim 4,3-4; Röm 13,13-14; 1Kö 21,9-10; Jud 1,4

y   Apg 13,45; 1Joh 3,12

z   Ps 1,1; 2Petr 3,3

aa 1Petr 4,4

ab Apg 4,18 + 13,45-46+50 + 19,9; 1Thess 2,16; Hebr 10,29

ac 2Tim 3,5; Mt 6,1-2+5+16 + 23,14

ad Mk 8,38

ae Ps 73,14-15
af 1Kor 6,5-6; Eph 5,15-17
ag Jes 5,4; 2Petr 1,8-9
ah Röm 2,23-24
ai Gal 3,1-3; Hebr 6,6

114. **Frage:** Welche Gründe sind dem dritten Gebot beigefügt?

Antwort: In den Worten: „des HERRN, deines Gottes" und „Denn der HERR wird den nicht ungestraft lassen, der seinen Namen missbraucht"[a] sind folgende Gründe für das dritte Gebot genannt:

Weil er der Herr und unser Gott ist, darf sein Name von uns nicht entweiht oder in irgendeiner Weise missbraucht werden![b]

Ganz besonders aber: Gott wird keinesfalls Übertreter dieses Gebotes freisprechen oder ungestraft lassen; er wird sie seinem gerechten Gericht nicht entgehen lassen[c], wenn auch viele von ihnen der Verurteilung und den Strafen der Menschen entgehen mögen[d].

a 2Mo 20,7
b 3Mo 19,12
c Hes 36,21-23; 5Mo 28,58-59; Sach 5,2-4
d 1Sam 2,12+17+22+24 + 3,18

115. **Frage:** Wie lautet das vierte Gebot?

Antwort: Das vierte Gebot lautet:

Gedenke an den Sabbattag und heilige ihn! Sechs Tage sollst du arbeiten und alle deine Werke tun; aber am siebten Tag ist der Sabbat des HERRN, deines Gottes; da sollst du kein Werk tun; weder du, noch dein Sohn, noch deine Tochter, noch dein Knecht, noch deine Magd, noch dein Vieh, noch dein Fremdling, der innerhalb deiner Tore lebt. Denn in sechs Tagen hat der HERR Himmel und Erde gemacht und das Meer und alles, was darin ist, und er ruhte am siebten Tag; darum hat der HERR den Sabbattag gesegnet und geheiligt[a].

a 2Mo 20,8-11

116. **Frage:** Welche Pflichten werden im vierten Gebot gefordert?

Antwort: Die Pflichten, die im vierten Gebot gefordert werden:

dass die Zeiten, die Gott in seinem Wort bestimmt hat, geheiligt und ihm allein gewidmet werden. Das ist ausdrücklich ein ganzer Tag von sieben[a].

Von Anbeginn der Welt bis zur Auferstehung Christi war das der siebte Tag; seitdem ist es der erste Tag der Woche, der deswegen der christliche Sabbat[b] ist und im Neuen Testament der „Tag des Herrn" genannt wird[c].[11] Dies ist Gottes Ordnung bis zum Ende der Welt.

a 1Mo 2,2-3; 5Mo 5,12+14+18

b 1Kor 16,1-2; Apg 20,7; Mat 5,17-18; Jes 56,2-7

c Off 1,10

117. **Frage:** Wie soll der christliche Sabbat, der Tag des Herrn, geheiligt werden?

Antwort: Der christliche Sabbat, der Tag des Herrn, soll geheiligt werden:

durch eine heilige Ruhe am ganzen Tag[a], nicht allein von solchen Werken, die zu allen Zeiten sündhaft sind, sondern auch von solchen weltlichen Beschäftigungen und Vergnügungen, die an anderen Tagen erlaubt sind[b],

und dadurch, dass wir uns daran freuen, die ganze Zeit auf die öffentlichen Gottesdienste und die privaten Übungen der Gottesverehrung zu verwenden[c].

Dazu gehören auch Werke der Barmherzigkeit, Gastfreundschaft und überhaupt alle Werke, die zur Erhaltung von Leben und Gesundheit notwendig sind, sei es von uns selbst oder von unseren Nächsten[d].

Zu diesem Zweck sollen wir unsere Herzen vorbereiten und unsere weltlichen Geschäfte mit Voraussicht, Fleiß und Sorgfalt ordnen und rechtzeitig erledigen, damit wir umso mehr für die Pflichten und Freuden dieses Tages frei und zugerüstet sind[e].

a 2Mo 20,8+10

b 2Mo 16,25-28; Neh 13,15-22; Jer 17,21-22

c Jes 58,13-14 + 66,23; Lk 4,16; Apg 20,7; 1Kor 16,1-2; Ps 92; 3Mo 23,3

d Mt 12,1-13

e 2Mo 16,22+25-29 + 20,8; Lk 23,57+56; Neh 13,19

---

[11] Offensichtlich ist dieser „Tag des Herrn" zu unterscheiden von dem „Tag des Herrn" der sehr häufig den Tag der Wiederkunft Jesu zum Weltgericht bedeutet, z.B. 2Petr 3,10; 2Kor 2,14 uvam.

118. **Frage:** Warum betrifft die Verantwortung, den Sabbat zu halten, ganz besonders Familienhäupter und andere Vorgesetzte?

Antwort: Die Verantwortung, den Sabbat zu halten, liegt ganz besonders auf Familienhäuptern und anderen Vorgesetzten, weil sie nicht nur verpflichtet sind, ihn selbst zu halten, sondern darüber hinaus auch dafür zu sorgen, dass er von all denen beachtet wird, für die sie verantwortlich sind.

Außerdem sind sie oft dazu geneigt, ihre Familienangehörigen oder Untergebenen im eigenen Interesse so zu beschäftigen, dass sie am Halten des Sabbats gehindert werden [a].

  a **2Mo 20,10 + 23,12; Jos 24,15; Neh 13,15+17; Jer 17,20-22**

119. **Frage:** Welche Sünden werden im vierten Gebot verboten?

Antwort: Folgende Sünden werden im vierten Gebot verboten:

Jegliches Unterlassen der in diesem Gebot geforderten Pflichten [a];

jede gleichgültige, nachlässige und nutzlose Erfüllung derselben, sowie der Überdruss an ihnen [b];

jede Entweihung des Tages durch nutzlosen Zeitvertreib oder sündige Handlungen [c] und durch unnötige Werke, Worte und Gedanken, die sich auf unsere weltlichen Beschäftigungen und Vergnügungen beziehen [d].

  a **Hes 22,26**
  b **Apg 15,7+9; Hes 33,30-32; Am 8,5; Mal 1,13**
  c **Hes 23,38**
  d **Jer 17,24+27; Jes 58,13**

120. **Frage:** Welche Gründe sind dem vierten Gebot beigefügt, um es noch mehr zu bekräftigen?

Antwort: Die Gründe, die dem vierten Gebot beigefügt sind, um es noch mehr zu bekräftigen, sind

„Sechs Tage sollst du arbeiten und alle deine Werke tun": diese Worte zeigen die Billigkeit dieser Forderung, indem Gott uns sechs von sieben Tagen für unsere eigenen Angelegenheiten erlaubt und nur einen für sich selbst behält.

„am siebten Tag ist der Sabbat des HERRN, deines Gottes": durch diese Worte beansprucht Gott diesen Tag als sein besonderes Eigentum.

„Denn in sechs Tagen hat der HERR Himmel und Erde gemacht und das Meer und alles, was darin ist, und er ruhte am siebten Tag.": diese Worte halten uns das Vorbild Gottes vor.

„darum hat der HERR den Sabbattag gesegnet und geheiligt": hier wird uns gesagt, dass Gott besonderen Segen auf diesen Tag gelegt hat, indem er ihn nicht nur als einen Tag für seinen Dienst geheiligt hat, sondern indem er ihn zu einem Mittel des Segens für uns verordnet hat, wenn wir ihn heiligen[a].

a   2Mo 20,9-11

121. **Frage:** Warum wird das Wort „Gedenke" an den Anfang des vierten Gebotes gesetzt?

Antwort: Das Wort „Gedenke" wird aus folgenden Gründen an den Anfang des vierten Gebotes gesetzt[a]:

Teils, weil die Erinnerung daran eine große Wohltat für uns ist; sie hilft uns nämlich, uns auf das Halten des Sabbats vorzubereiten[b] und damit gleichzeitig alle anderen Gebote besser zu erfüllen[c].

Sie hilft uns auch, allezeit dankbar für die zwei großen Segnungen der Schöpfung und der Erlösung zu sein, die eine kurze Zusammenfassung aller Glaubenslehre ist[d].

Teils, weil wir sehr dazu neigen, diese Pflicht zu vergessen[e], weil weniger Licht der Natur auf sie fällt[f], und weil sie gleichzeitig unsere natürliche Freiheit in Dingen beschränkt, die zu anderen Zeiten erlaubt sind[g].

Wir vergessen sie auch deswegen leicht, weil sie nur einmal in sieben Tagen gefordert wird und dann viele weltliche Geschäfte dazwischenkommen und unsere Gedanken zu oft davon ablenken; dann vergessen wir, uns darauf vorzubereiten oder den Tag des Herrn zu heiligen[h].

Es mahnt uns auch daran, dass der Satan mit seinen Werkzeugen kräftig daran arbeitet, seine Herrlichkeit und sogar das Gedenken an ihn auszulöschen und dadurch alle falsche Religion und Gottlosigkeit aufzurichten[i].

a   2Mo 20,8

b   2Mo 16,23; Lk 23,54+56; Mk 15,42; Neh 13,19

c   Ps 92,13-14; Hes 20,12+19-20

d   1Mo 2,2-3; Ps 118,22+24; Apg 4,10+11; Off 1,10

e   Hes 22,26

f   Neh 9,14

g   2Mo 34,21

h   5Mo 5,14-15; Am 8,5

i   Kla 1,7; Jer 17,21-23; Neh 13,15-23

122. Frage: Was ist die Summe der sechs Gebote, die unsere Pflicht gegenüber den Menschen enthalten?

Antwort: Die Summe der sechs Gebote, die unsere Pflicht gegenüber den Menschen enthalten, ist, dass wir unsern Nächsten lieben wie uns selbst [a] und dass wir den andern das tun, was wir wollen, dass sie uns tun sollen [b].

a   Mt 22,39

b   Mt 7,12

123. Frage: Wie lautet das fünfte Gebot?

Antwort: Das fünfte Gebot lautet: Du sollst deinen Vater und deine Mutter ehren, damit du lange lebst in dem Land, das der HERR, dein Gott, dir gibt!
2Mo 20,12

124. Frage: Wer ist im fünften Gebot mit Vater und Mutter gemeint?

Antwort: Mit Vater und Mutter sind im fünften Gebot nicht nur die natürlichen Eltern gemeint [a], sondern alle, die uns an Alter [b] oder Gaben [c] vorgesetzt sind, insbesondere solche, die nach Gottes Ordnung eine Autoritätsposition über uns haben, sei es in der Familie [d] oder in der Gemeinde [e] oder im Staat [f].

a   Spr 23,22-25; Eph 6,1-2

b   1Tim 5,1-2

c   1Mo 4,20-22 + 45,8

d   2Kö 5,13

e   2Kö 2,12 + 13,14; Gal 4,19

f   Jes 49,23

125. Frage: Warum werden Vorgesetzte als Vater und Mutter bezeichnet?

Antwort: Vorgesetzte werden als Vater und Mutter bezeichnet, einerseits um sie zu belehren, dass sie in allen Pflichten ihren Untergebenen gegenüber wie natürliche Eltern Liebe und Sanftmut üben sollen, wie es ihrer Beziehung entspricht [a],

andererseits auch um die Untergebenen zu größerer Bereitschaft und Freudigkeit anzuregen, damit sie ihre Pflichten gegen ihre Vorgesetzten erfüllen wie Eltern gegenüber [b].

a   Eph 6,4; 2Kor 12,14; 1Thess 2,7-8; 4Mo 11,11-12

b   1Kor 4,14-16; 2Kö 5,13

126. **Frage:** Was ist der allgemeine Zweck des fünften Gebotes?

Antwort: Der allgemeine Zweck des fünften Gebotes ist die Erfüllung der Pflichten, die wir einander in unseren Beziehungen als Untergebene, Vorgesetzte oder Gleichgestellte schuldig sind [a].

a   Eph 5,21; 1Pe 2,17; Röm 12,10

127. **Frage:** Welche Ehre schulden Untergebene ihren Vorgesetzten?

Antwort: Untergebene sollen ihre Vorgesetzten ehren,

indem sie sie von Herzen respektieren [a], respektvoll von ihnen reden [b] und sie mit Respekt behandeln [c];

indem sie für sie beten und danken [d], ihre Tugenden und Gnadengaben nachahmen [e],

ihren rechtmäßigen Geboten und Anordnungen willig gehorchen [f],

sich ihren Belehrungen unterordnen [g],

ihnen treu sind [h], sie verteidigen [i] und alles zur Erhaltung ihrer Person und ihrer Autorität tun wie es ihrem Rang und ihrer Stellung entspricht [j] und

indem sie geduldig mit ihren Schwächen sind und sie in Liebe bedecken [k].

a   Mal 1,6; 3Mo 19,3

b   Spr 31,28; 1Petr 3,6

c   3Mo 19,32; 1Kö 2,19

d   1Tim 2,1-2

e   Hebr 13,7; Phil 3,17

f   Eph 6,1-2, 5-7; 1Petr 2,13-14; Röm 13,1-5; Hebr 13,17; Spr 4,3-4 + 23,22; 2Mo 18,19+24

g   Hebr 12,9; 1Petr 2,18-20

h Tit 2,9-10

i 1Sam 26,15-16; 2Sam 18,3; Est 6,2

j Mt 22,21; Röm 13,6-7; 1Tim 5,17-18; Gal 6,6; 1Mo 45,11 + 47,12

k Ps 127,3-5; Spr 31,23

128. Frage: Was sind Sünden von Untergebenen gegen ihre Vorgesetzten?

Antwort: Sünden von Untergebenen gegen ihre Vorgesetzten sind:

jegliche Vernachlässigung der Pflichten, die ihnen gegenüber gefordert werden[a];

Neid[b], Verachtung[c] und Widerstand[d] gegen ihre Person[e] und Stellung[f], wo sie rechtmäßige Anordnungen[g], Gebote und Korrekturen geben[h];

ihnen zu fluchen, sie zu verspotten[i] und alles ähnlich widerspenstige und anstößige Betragen, das ihnen und ihrer Führung zur Schande und Unehre gereicht[j].

a Mt 15,4-6

b 4Mo 11,28-29

c 1Sam 8,7; Jes 3,5

d 2Sam 15,1-12

e 2Mo 21,15

f 1Sam 10,25

g 1Sam 2,25

h 5Mo 21,18-21

i Spr 30,11+17

j Spr 19,26

129. Frage: Was wird von Vorgesetzten gegenüber ihren Untergebenen gefordert?

Antwort: Von Vorgesetzten wird gefordert,

dass sie gemäß der Vollmacht, die sie von Gott empfangen, und der Beziehung, in der sie stehen, ihre Untergebenen lieben[a], für sie beten[b] und sie segnen[c],

sie unterweisen[d], beraten und ermahnen[e],

die, die sich gut führen, ermutigen[f], loben[g] und belohnen[h],

und die, die sich schlecht benehmen, abweisen[i], tadeln und bestrafen[j].

Sie sollen ihre Untergebenen schützen[k] und für sie sorgen in allem, was für Seele[l] und Leib nötig ist[m].

Sie sollen durch würdiges, weises, heiliges und vorbildliches Verhalten Gott verherrlichen[n], sich selbst Ehre erwerben[o] und so die Autorität, die Gott ihnen anvertraut hat, bewahren[p].

a Kol 3,19; Tit 2,4

b 1Sam 12,23; Hi 1,5

c 1Kö 8,55-56; Hebr 7,7; 1Mo 49,28

d 5Mo 6,6-7

e Eph 6,4

f 1Petr 3,7

g 1Petr 2,14; Röm 13,3

h Est 6,3

i Röm 13,3-4

j Spr 29,15; 1Petr 2,14

k Hi 29,12-17; Jes 1,10, 17

l Eph 6,4

m 1Tim 5,8

n 1Tim 4,12; Tit 2,3-5

o 1Kö 3,28

p Tit 2,15

130. **Frage:** Was sind die Sünden von Vorgesetzten?

Antwort: Die Sünden von Vorgesetzten sind, abgesehen von der Vernachlässigung der Pflichten, die von ihnen gefordert werden[a]:

Selbstsucht[b] und ein unangemessenes Trachten nach eigener Ehre[c], Komfort, Gewinn oder Vergnügen[d];

von ihren Untergebenen unrechtmäßige[e] oder unmöglich durchzuführende Dinge verlangen[f];

sie zu Bösem zu beraten[g], zu ermutigen[h] oder sie dafür zu belohnen[i];

ihnen von Gutem abzuraten, sie beim Gutestun entmutigen oder sie davon abzuschrecken[j];

sie unangemessen zurechtzuweisen[k];

sie gleichgültig Unrecht, Versuchung und Gefahr auszusetzen oder ihnen darin nicht beizustehen [l];

sie zum Zorn zu reizen [m];

oder sich in irgendeiner Weise unehrenhaft zu benehmen durch ungerechtes, taktloses, hartes oder nachlässiges Handeln, so dass ihre Autorität darunter leidet [n].

a Hes 34,2-4

b Phil 2,21

c Joh 5,44 + 7,18

d Jes 56,10-11; 5Mo 17,17

e Dan 3,4-6; Apg 4,17-18

f 2Mo 5,10-18; Mt 23,2, 4

g Mt 14,8; Mk 6,24

h 2Sam 13,28

i 1Sam 3,13

j Joh 7,46-49; Kol 3,21; 2Mo 5,17

k 1 Petr 2,18-20; Hebr 12,10; 5Mo 25,3

l 1Mo 38,11+26; Apg 18,17

m Eph 6,4

n 1Mo 9,21; 1Kö 1,6 + 12,13-16; 1Sam 2,29-31

131. **Frage:** Was sind die Pflichten von Gleichgestellten?

Antwort: Die Pflichten von Gleichgestellten sind, dass sie gegenseitig die Würde und den Wert des andern achten [a], indem sie einander in Ehrerbietung zuvorkommen [b], und dass sie sich an den Gaben und dem Gelingen des anderen freuen, als ob es das eigene wäre [c].

a 1Petr 2,17

b Röm 12,10

c Röm 12,15-16; Phil 2,3-4

132. **Frage:** Was sind die Sünden von Gleichgestellten?

Antwort: Die Sünden von Gleichgestellten sind, abgesehen von der Vernachlässigung der geforderten Pflichten [a]:

den anderen geringschätzen [b];

ihn um seine Gaben beneiden [c];

sich über das Gelingen oder Wohlergehen des anderen ärgern [d];

sich über den anderen erheben [e].

a Röm 13,8

b 2Tim 3,3

c Apg 7,9; Gal 5,26

d 4Mo 12,2; Est 6,12-13

e 3Joh 1,9 ; Lk 22,24

133. **Frage:** Welcher Grund ist dem fünften Gebot beigefügt, um es noch mehr zu bekräftigen?

Antwort: Dem fünften Gebot sind folgende Worte beigefügt:

„damit du lange lebst in dem Land, das der HERR, dein Gott, dir gibt!" [a]

Allen, die dieses Gebot halten, wird hier ausdrückliche langes Leben und Wohlergehen verheißen, soweit es zu Gottes Ehre und ihnen selbst zum Besten dient [b].

a 2Mo 20,12

b 5Mo 5,16; 1Kö 8,25; Eph 6,2-3

134. **Frage:** Wie lautet das sechste Gebot?

Antwort: Das sechste Gebot lautet: „Du sollst nicht töten" [a].

a 2Mo 20,12

135. **Frage:** Welche Pflichten werden im sechsten Gebot gefordert??

Antwort: Die Pflichten, die im sechsten Gebot gefordert werden:

Ein sorgfältiges Achten und rechtmäßiges Bemühen, unser eigenes Leben [a] *und das Leben anderer* [b] *zu erhalten, dadurch, dass wir all denjenigen Gedanken und Vorsätzen* [c] *widerstehen, all diejenigen Leidenschaften unterdrücken* [d] *und all diejenigen Gelegenheiten* [e]*, Versuchungen* [f] *und Handlungen meiden, die darauf hinauslaufen, irgendjemandem ungerechterweise das Leben zu nehmen oder es auch nur in Gefahr zu bringen* [g].

Dazu gehört gerechte Verteidigung gegen Gewalt [h]*, geduldiges Ertragen der Hand Gottes* [i]*, Stille der Seele* [j]*, Freudigkeit im Geist* [k]*, Mäßigkeit und*

Vernunft beim Essen[l], Trinken[m], Arzneinehmen[n], Schlaf[o], Arbeit[p] und Erholung[q].

Dies erfordert wohlwollendes Denken[r], Liebe[s], Erbarmen[t], Sanftmut, Güte, Freundlichkeit[u];

dazu friedfertiges[v], mildes und höfliches Reden und Benehmen[w];

Langmut, Bereitschaft zur Versöhnung, geduldiges Ertragen und Vergeben von Verletzungen und Böses mit Gutem zu vergelten[x];

Notleidende zu trösten und zu versorgen; Unschuldige zu schützen und zu verteidigen[y].

a Eph 5,28-29

b 1Kö 18,4

c Jer 26,15-16; Apg 23,12+16-17+21+27

d Eph 4,26-27

e 2Sam. 2,22; 5Mo 22,8

f Mt 4,6-7; Spr 1,10-11+15-16

g 1Sam 24,2 + 26,9-11; 1Mo 37,21-22

h Ps 82,4; Spr 24,11-12; 1Sam 14,45

i Jak 5,7-11; Hebr 12,9

j 1Thess. 4,11; 1Petr 3,3-4; Ps 37,8-11

k Spr 17,22

l Spr 25,16, 27

m 1Tim 5,23

n Jes 38,21

o Ps 127,2

p Pred 5,12; 2Thess 3,10+12; Spr 16,26

q Pred 3,4+11

r 1Sam 19,4-5 + 22,13-14

s Röm 13,10

t Lk 10,33-34

u Kol 3,12-13

v Jak 3,17

w 1Petr 3,8-11; Spr 15,1; Ri 8,1-3

x Mt 5,24; Eph 4,2+32; Röm 12,17+20-21

y   1Thess 5,14; Hi 31,19-20; Mt 25,35-36; Spr 31,8-9

136. Frage: Welche Sünden werden im sechsten Gebot verboten?

Antwort: Folgende Sünden werden im sechsten Gebot verboten:

unser eigenen Lebens [a] oder das eines anderen [b] zu nehmen, ausgenommen im Fall öffentlicher Rechtsprechung [c], eines rechtmäßigen Krieges [d] oder der Notwehr [e];

rechtmäßige und notwendige Mittel zur Lebenserhaltung zu vernachlässigen oder wegzunehmen [f];

sündhafter Zorn [g], Hass [h], Neid [i], Rachsucht [j], alle ausschweifenden Leidenschaften [k], übermäßiges Sorgen [l];

unmäßiger Gebrauch von Speise, Trank [m], Arbeit [n] und Erholung [o];

reizende Worte [p], Unterdrückung [q], Streit [r], Schlägerei, Verwundung [s], und überhaupt alles, was darauf abzielt, dem eigenen Leben oder dem eines anderen zu schaden oder es gar zu zerstören [t].

a   Apg 16,28

b   2Mo 9,6

c   4Mo 35,31+33

d   Jer 48,10; 5Mo 20

e   2Mo 22,2-3

f   Mt 25,42-43; Jak 2,15-16; Pred 6,1-2

g   Mt 5,22

h   1Joh 3,15; 3Mo 19,17

i   Spr 14,30

j   Röm 12,19

k   Eph 4,31

l   Mt 6,31+34

m   Lk 21,34; Röm 13,13

n   Pred 2,22-23 + 12,12

o   Jes 5,12

p   Spr 12,18 + 15,1

q   Hes 18,18; 2Mo 1,14

r   Gal 5,15; Spr 23,29

s   4Mo 35,16-18+21

t   2Mo 21,18-36

137. Frage: Wie lautet das siebente Gebot?

Antwort: Das siebente Gebot lautet: „Du sollst nicht ehebrechen."[a]

    a   2Mo 20,14

138. Frage: Welche Pflichten werden im siebten Gebot gefordert?

Antwort: Die Pflichten, die im siebenten Gebot gefordert werden:

Reinheit an Leib, Geist, Gefühlen[a], Worten[b] und Verhalten[c];

die Bewahrung dieser Reinheit in uns selbst und andern[d];

Wachsamkeit über die Augen und alle Sinne[e];

Mäßigkeit[f], keuscher Umgang[g], schickliche Kleidung[h];

solche, die nicht die Gabe der Enthaltsamkeit haben, sollen heiraten[i];

eheliche Liebe[j] und Beiwohnung[k];

fleißige Arbeit im Beruf[l];

Meiden aller Gelegenheiten zur Unreinheit und Widerstand gegen die darauf gerichteten Versuchungen.

    a   1Thes 4,4; Hi 31,1; 1Kor 7,34

    b   Kol 4,6

    c   1Petr 2,3

    d   1Kor 7,2+35-36

    e   Hi 31,1

    f   Apg 24,24

    g   Spr 2,16-20

    h   1Tim 2,9

    i   1Kor 7,2+9

    j   Spr 5,19-20

    k   1Petr 3,7

    l   Spr 31,11+27-28

    m Spr 5,8; 1Mo 39,8-10

139. Frage: Welche Sünden werden im siebten Gebot verboten?

Antwort: Folgende Sünden werden im siebten Gebot verboten:

abgesehen von der Vernachlässigung der geforderten Pflichten [a]:

Ehebruch, außereheicher Geschlechtsverkehr, Hurerei [b];

Vergewaltigung, Blutschande [c];

Sodomie und alle widernatürlichen Lüste [d];

alle unreinen Phantasien, Gedanken, Vorsätze und Gefühle [e];

schmutzige oder unanständige Reden führen oder ihnen zuhören [f];

lüsterne Blicke [g], schamloses oder leichtfertiges Benehmen, unschickliche Kleidung [h];

eine rechtmäßige Ehe zu verhindern oder zu verbieten [i];

eine unrechtmäßige Ehe zu dulden [j];

ein Bordell erlauben, dulden, führen oder besuchen [k];

ein eheloses Leben geloben [l];

die Ehe ungebührlich aufzuschieben [m];

gleichzeitig mehr als eine Ehefrau oder einen Ehemann zu haben [n];

eine Ehe oder eheähnliches Zusammenleben zweier Menschen des gleichen Geschlechts erlauben, führen oder gutheißen [o];[12]

unrechtmäßige Ehescheidung [p] oder Trennung [q];

Faulheit, Schlemmerei, Trunkenheit [r];

unkeuscher Umgang [s], unreine Lieder, unreine Literatur, Bilder, Tänze, Schauspiele [t];

überhaupt alle Anreize zur Unreinheit und alle Handlungen dieser Art entweder in uns oder in andern [u].

a   Spr 5,7

b   3Mo 18,20; Hebr 13,4; Gal 5,19

c   3Mo 20,17; 2Sam 13,14; 1Kor 5,1

d   Röm 1,24+26-27; 3Mo 18,23 + 20,15-16

e   Mt 5,28 + 15,19; Kol 3,5

f   Eph 5,3-4; Spr 7,5+21-22

g   Jes 3,16; 2Petr 2,14

h   Spr 7,10+13

---

[12] Vom Übersetzer hinzugefügt; Belegstellen ergänzt!

i   1Tim 4,3

j   3Mo 18,1-21; Mk 6,18; Mal 2,11-12

k   1Kö 15,12; 2Kö 23,7; 5Mo 23,17-18; 3Mo 19,29; Jer 5,7; Spr 7,24-27

l   Mt 19,10-11

m   1Kor 7,7-9; 1Mo 38,26

n   Mal 2,14-15; Mt 19,5

o   3Mo 18,22 + 20,13; Röm 1,26-27

p   Mal 2,16; Mt 5,32

q   1Kor 7,12-13

r   Hes 16,49; Spr 23,30-33

s   1Mo 39,10; Spr 5,8

t   Eph 5,4; Hes 23,14-16; Jes 3,16 + 23,15-17; Mk 6,22; Röm 13,13; 1Petr 4,3

u   2Kö 9,30; Jer 4,30; Hes 23,40

140. **Frage:** Wie lautet das achte Gebot?

Antwort: Das achte Gebot lautet: „Du sollst nicht stehlen!"[a]

a   2Mo 20,15

141. **Frage:** Welche Pflichten werden im achten Gebot gefordert?

Antwort: Die Pflichten, die im achten Gebot gefordert werden:

Wahrhaftigkeit, Treue und Gerechtigkeit in Verträgen und im Handel zwischen Mensch und Mensch[a];

jedem das zu geben, was ihm zusteht[b];

Dinge, die man dem rechtmäßigen Eigentümern vorenthalten hat, zu erstatten[c];

Freudig zu Schenken und zu Leihen gemäß unserm Vermögen und dem Bedürfnis anderer[d];

Mäßigung in unseren Urteilen, Wünschen und Neigungen im Blick auf weltliche Güter[e];

vorausschauendes Planen und Bedenken, um diejenigen Dinge zu erlangen[f], zu bewahren, zu gebrauchen und zu nutzen, die zur Erhaltung unseres Lebens notwendig und geeignet und unseren Verhältnissen angemessen sind[g];

einen rechtmäßigen Beruf auszuüben[h] und darin treu zu arbeiten[i];

Genügsamkeit[j];

unnötigen Rechtsstreit[k] und Bürgschaften oder andere derartige Verbindlichkeiten zu vermeiden[l];

sich zu bemühen, mit allen rechtmäßigen Mitteln das Vermögen und den Wohlstand von anderen wie das eigene zu fördern, zu erhalten und zu vermehren[m].

a   Ps 15,2, 4; Sach 7,4+10 + 8,16-17

b   Röm 13,7

c   3Mo 6,2-5; Lk 19,8

d   Lk 6,30+38; 1Joh 3,17; Eph 4,28; Gal 6,10

e   1Tim 6,6-9; Gal 6,14

f   1Tim 5,8

g   Spr 27,23-27; Pred 2,24 + 3,12-13; 1Tim 6,17-18; Jes 38,1; Mt 11,8

h   1Kor 7,20; 1Mo 2,15 + 3,19

i   Eph 4,28; Spr 10,4

j   Joh 6,12; Spr 21,20

k   1Kor 6,1-9

l   Spr 6,1-6 + 11,15

m   3Mo 25,35; 5Mo 22,1-4; 2Mo 23,4-5; 1Mo 47,14+20; Phil 2,4; Mt 22,39

142. **Frage:** Welche Sünden werden im achten Gebot verboten?

Antwort: Folgende Sünden werden im achten Gebot verboten:

abgesehen von der Vernachlässigung der geforderten Pflichten[a]:

Diebstahl[b], Raub[c], Menschenraub[d] und das Annehmen einer gestohlenen Sache[e];

Betrug[f], falsche Gewichte und Maße[g], Grenzsteinverrückung[h], ungerechte und betrügerische Verträge[i]; Vertrauen zu missbrauchen[j];

Unterdrückung[k], Erpressung[l], Wucher[m], Bestechung[n], unnötiger Rechtsstreit[o], ungerechtes Einzäunen oder Entvölkerung von Ländereien[p];

das Anhäufen von Waren, um den Preis zu steigern[q];

unrechtmäßige Berufe[r] und alle andern unrechten oder sündhaften Wege, auf denen wir unserm Nächsten das, was ihm gehört, wegnehmen, vorenthalten oder uns selbst bereichern[s];

Habgier[t];

weltliche Güter übermäßig zu schätzen und zu begehren[u];

übermäßige und zerstreuende Sorgen und Bemühungen, um weltliche Güter zu erlangen, zu behalten und zu gebrauchen[v];

andere um ihr Wohlergehen zu beneiden[w];

Müßiggang[x], Verschwendung, Glücksspiel und alle anderen Arten, das eigene Vermögen zu vergeuden[y] und sich selbst um den Nutzen und das Glück der Güter zu betrügen, die Gott uns geschenkt hat[z].

a   Jak 2,15-16; 1Joh 3,17

b   Eph 4,28; Ps 42,10

c   Ps 62,10

d   1Tim 1,10

e   Spr 29,24; Ps 50,18

f   1Thes 4,6

g   Spr 11,1 + 20,10

h   5Mo 19,14; Spr 23,10

i   Am 8,5; Ps 37,21

j   Lk 16,10-12

k   Hes 22,29; 3Mo 25,17

l   M. 23,25; Hes 22,12

m   Ps 15,5

n   Hi 15,34

o   1Kor 6,6-8; Spr 3,29-30

p   Jes 5,8; Mi 2,2

q   Spr 11,26

r   Apg 19,19+24-25

s   Hi 20,19; Jak 5,4; Spr 21,6

t   Lk 12,15

u   1Tim 6,5; Kol 3,2; Spr 23,5; Ps 42,10

v   Mt 6,25+31+34; Pred 5,12

w   Ps 37,1+7; 73,3

x   2Thes 3,11; Spr 18,9

y   Spr 21,17 + 23,20-21 + 28,19

z   Pred 4,8 + 6,2; 1Tim 5,8

143. Frage: Wie lautet das neunte Gebot?

Antwort: Das neunte Gebot lautet: „Du sollst kein falsches Zeugnis reden gegen deinen Nächsten!"[a]

a   2Mo 20,16

144. Frage: Welche Pflichten werden im neunten Gebot gefordert?

Antwort: Die Pflichten, die im neunten Gebot gefordert werden:

Wahrhaftigkeit zwischen Mensch und Mensch zu bewahren und zu fördern[a]; ebenso den guten Ruf unseres Nächsten wie unseren eigenen[b];

für die Wahrheit aufstehen und eintreten[c];

die Wahrheit und nichts als die Wahrheit von Herzen[d] reden, ernsthaft[e], offen[f], klar[g] und vollständig[h], vor allem in Dingen von Recht und Gericht[i], aber genauso in anderen Angelegenheiten, egal, worum es geht[j];

wohlwollende Wertschätzung unseres Nächsten[k] verbunden mit einem liebevollen Streben, seinen guten Ruf zu wahren[l];

über seine Schwachheiten betrübt sein[m] und sie in Liebe bedecken[n];

seine Gaben und Stärken freudig anerkennen[o];

seine Unschuld verteidigen[p];

einen guten Bericht über ihn gerne annehmen[q], ein böses Gerücht über ihn jedoch nicht dulden[r];

Schwätzer[s], Schmeichler[t] und Verleumder[u] zurechtweisen;

Den eigenen guten Ruf hochschätzen und wenn nötig verteidigen[v];

rechtmäßige Versprechen halten[w];

alles, was wahrhaftig, ehrbar, liebenswert und wohllautend ist zu bedenken und zu tun[x].

a   Sach 8,16

b   3Joh 1,12

c   Spr 31,8-9

d   Ps 15,2

e   2Chr 19,9

f   1Sam 19,4-5

g   Jos 7,19

h   2Sam 14,18-20

i   3Mo 19,15; Spr 14,5+25

j   2Kor 1,17-18; Eph 4,25

k   Hebr 6,9; 1Kor 13,7

l   Röm 1,8; 2Joh 1,4; 3Joh 1,3-4

m   2Kor 2,4 + 12,21

n   Spr 17,9; 1 Petr 4,8

o   1Kor 1,4-5+7; 2Tim 1,4-5

p   1Sam 22,14

q   1Kor 13,6-7

r   Ps 15,3

s   Spr 25,23

t   Spr 26,24-25

u   Ps 101,5

v   Spr 22,1; Joh 8,49

w   Ps 15,4

x   Phil 4,8

145. **Frage:** Welche Sünden werden im neunten Gebot verboten?

Antwort: Folgende Sünden werden im neunten Gebot verboten:

die Wahrheit und den guten Namen unseres Nächsten oder auch unseren eigenen zu schädigen [a], besonders in öffentlichen Gerichtsverfahren [b];

falsches Zeugnis geben [c], falsche Zeugen anstiften [d], wissentlich für eine unrechte Sache vor Gericht auftreten und sie verteidigen, der Wahrheit widerstehen und sie unterdrücken [e];

ein ungerechtes Urteil fällen [f], Böses gut und Gutes böse nennen;

Böse belohnen, als hätten sie gerecht gehandelt und umgekehrt den Gerechten strafen, als hätte er böse gehandelt [g];

Urkundenfälschung [h], die Wahrheit verschweigen, in einer gerechten Sache ungebührlich schweigen [i], sich friedlich verhalten, wenn ein Unrecht entweder eine Missbilligung von uns [j] oder eine Beschwerde anderen gegenüber fordert [k];

die Wahrheit zur Unzeit[l] oder böswillig in unrechter Absicht sagen[m] oder sie zu einer falschen Bedeutung verdrehen[n] oder sie in zweifelhaften und zweideutigen Ausdrücken verkehren[o];

die Unwahrheit sagen[p], lügen[q], Rufmord[r], verleumden[s], herabsetzen[t], Märchen erzählen[u], tuscheln[v], andere verhöhnen[w] oder beschimpfen[x];

vorschnelles[y], unnachsichtiges[z] und parteiisches Verurteilen[aa] anderer;

Absichten, Worte und Handlungen anderer falsch auslegen[ab];

Schmeicheln[ac], eitles Prahlen[ad], zu hoch oder zu gering von uns selbst oder andern denken oder reden[ae];

die Gaben und Gnadengeschenke Gottes verleugnen[af];

kleinere Übertretungen übertreiben[ag];

Sünden verbergen, entschuldigen oder leugnen, wenn man zu offenem Bekenntnis aufgefordert wird[ah];

Schwächen unnötigerweise aufdecken[ai];

falsche Gerüchte aufbringen[aj];

üble Nachrede annehmen und glauben[ak] und die Ohren vor einer gerechten Verteidigung verschließen[al];

böses Misstrauen hegen[am];

jemanden um ein verdientes Lob beneiden oder es ihm missgönnen[an] und versuchen oder wünschen, es zu schmälern[ao];

sich über Schmach und Schande anderer freuen[ap];

andere geringschätzig verachten[aq] oder töricht bewundern[ar];

rechtmäßige Versprechen brechen[as];

solche Dinge, die zum guten Ruf gehören[at], vernachlässigen und solche Dinge, die einen üblen Ruf eintragen, entweder selbst tun oder bei anderen nicht verhindern, so gut wir können[au].

a 1Sam. 17,28; 2Sam. 1,9-10, 15-16; 16,3

b 3Mo 19,15; Hab. 1,4

c Spr 6,16+19 + 19,5

d Apg 6,13

e Jer 9,3+5; Apg 24,2+5; Ps 3,1-4 + 12,3-4

f Spr 17,15; 1Kö 21,9-14

g Jes 5,23

h   Ps 119,69; Lk 16,5-7; 19,8

i   3Mo 5,1; Apg 5,3, 8-9; 2Tim 4,6

j   1Kö 1,6; 3Mo 19,17

k   Jes 59,4

l   Spr 29,11

m   1Sam 22,9-10; Ps 52,1

n   Ps 56,5; Joh 2,19; Mt 26,60-61

o   1Mo 3,5; 26,7, 9

p   Jes 59,13

q   3Mo 19,11; Kol 3,9

r   Ps 50,20

s   Ps 15,3

t   Jak 4,11; Jer 38,4

u   3Mo 19,16

v   Röm 1,29-30

w   1Mo 21,9; Gal 4,29

x   1Kor 6,10

y   Mt 7,1

z   Apg 28,4

aa   1Mo 38,24; Röm 2,1

ab   Neh 6,6-8; Röm 3,8; Ps 69,10; 1Sam. 1,13-15; 2Sam 10,3

ac   Ps 12,2-3

ad   2Tim 3,2

ae   Lk 18,9, 11; Röm 12,16; 1Kor 4,6; Apg 12,22; 2Mo 4,10-14

af   Hi 4,6, 27,5-6

ag   Mt 7,3-5

ah   Spr 28,13 + 30,20; 1Mo 3,12-13 + 4,9; Jer 2,35; 2Kö 5,25

ai   1Mo 9,22; Spr 25,9-10

aj   2Mo 23,1

ak   Spr 29,12

al   Apg 7,56-57; Hi 31,13-14

am   1Kor 13,5; 1Tim 6,4

an   4Mo 11,29; Mt 21,15

ao Esr 4,12-13

ap Jer 48,27

aq Ps 35,15-16, 21; Mt 27,28-29

ar Jud 1,16; Apg 12,22

as Röm 1,31; 2Tim 3,3

at 1Sam 2,24

au 2Sam 13,12-13; Spr 5,8-9; 6,33

146. Frage: Wie lautet das zehnte Gebot?

Antwort: Das zehnte Gebot lautet: Du sollst nicht begehren das Haus deines Nächsten! Du sollst nicht begehren die Frau deines Nächsten, noch seinen Knecht, noch seine Magd, noch sein Rind, noch seinen Esel, noch irgendetwas, das dein Nächster hat! [a]

a 2Mo 20,17

147. Frage: Welche Pflichten werden im zehnten Gebot gefordert?

Antwort: Die Pflichten, die im zehnten Gebot gefordert werden:

eine so vollkommene Zufriedenheit mit unseren eigenen Verhältnissen [a] *und eine so wohlwollende Einstellung der ganzen Seele gegenüber unserm Nächsten, dass all unsere inneren Regungen und Neigungen, die ihn betreffen, darauf ausgerichtet sind, sein Gut zu erhalten und zu fördern* [b].

a Hebr 13,5; 1Tim 6,6

b Hi 31,29; Ps 122,7-9; 1Tim 1,5; Est 10,3; 1Kor 13,4-7

148. Frage: Welche Sünden werden im zehnten Gebot verboten?

Antwort: Folgende Sünden werden im zehnten Gebot verboten:

Unzufriedenheit mit den eigenen Verhältnissen [a];

Neid [b] *und Verdruss über das Gut des Nächsten* [c], *verbunden mit allen unrechtmäßigen Gefühlen und Neigungen im Blick auf Dinge, die ihm gehören* [d].

a 1Kö 21,4; Est 5,13; 1Kor 10,10

b Gal 5,26; Jak 3,14+16

c Ps 112,9-10; Neh 2,10

d Röm 7,7-8 + 13,9; Kol 3,5; 5Mo 5,21

149. **Frage:** Ist irgendein Mensch fähig, die Gebote Gottes vollkommen zu halten?

Antwort: Kein Mensch ist fähig, entweder aus sich selbst[a] oder durch irgendeine Gnade, die er in diesem Leben empfangen hat, die Gebote Gottes vollkommen zu halten[b]. Vielmehr übertreten wir sie täglich in Gedanken[c], Worten und Werken[d].

- a **Jak 3,2; Joh 15,5; Röm 8,3**
- b **Pred 7,20; 1Joh 1,8+10; Gal 5,17; Röm 7,18-19**
- c **1Mo 6,5 + 8,21**
- d **Röm 3,9-19; Jak 3,2-13**

150. **Frage:** Sind alle Übertretungen des Gesetzes Gottes im gleichen Maß abscheulich an sich und in Gottes Augen?

Antwort: Nicht alle Übertretungen des Gesetzes Gottes sind im gleichen Maß abscheulich. Vielmehr sind manche Sünden an sich und auf Grund verschiedener erschwerender Umstände in Gottes Augen abscheulicher als andere[a].

- a **Joh 19,11; Hes 8,6+13+15; 1Joh 5,16; Ps 78,17+32+52**

151. **Frage:** Welche Umstände, machen manche Sünden abscheulicher als andere?

Antwort: Erschwerende Umstände für eine Sünde liegen:

1. In der Person des Übertreters[a]:

wenn der Übertreter jemand in reiferem Alter ist[b],

oder jemand mit größerer Erfahrung oder der mehr Gnade erfahren hat[c],

oder jemand, der durch sein Bekenntnis[d], seine Gaben[e], seine Stellung[f] oder sein Amt[g] ein Leiter ist[h], dessen Vorbild andere wahrscheinlich folgen werden[i].

- a **Jer 2,8**
- b **Hi 32,7; Pred 4,13**
- c **1Kö 11,4+9**
- d **2Sam 12,14; 1Kor 5,1**
- e **Jak 4,17; Lk 12,47-48**
- f **Jer 5,4-5**

g   2Sam 12,7-9; Hes 8,11-12

h   Röm 2,17-24

i   Gal 2,11-14

2. *In der Person des von der Übertretung Betroffenen[j]:*

wenn sich die Übertretung direkt gegen Gott richtet[k], gegen seine Eigenschaften[l] und seine Verehrung[m],

gegen Christus und seine Gnade[n],

gegen den Heiligen Geist[o], sein Zeugnis[p] und seine Wirkungen[q],

gegen Vorgesetzte oder jemanden in besonders ehrbarer Stellung[r],

gegen solche, mit denen wir besonders in Beziehung stehen und denen wir verpflichtet sind[s];

gegen einen der Heiligen[t], insbesondere gegen schwächere Geschwister[u]
gegen ihre Seele[v];

oder gegen das allgemeine Gut aller oder vieler[w].

j   Mt 21,38-39

k   1Sam 2,25; Apg 5,4; Ps 51,4

l   Röm 2,4

m   Mal 1,8+14

n   Hebr 2,2-3; 12,25

o   Hebr 10,29; Mt 12,31-32

p   Eph 4,30

q   Hebr 6,4-6

r   Jud 1,8; 4Mo 12,8-9; Jes 3,5

s   Spr 30,17; 2Kor 12,15; Ps 55,12-15

t   Zeph 2,8+10-11; Mt 18,6; 1Kor 6,8; Off 17,6

u   1Kor 8,11-12; Röm 14,13+15+21

v   Hes 13,19; 1Kor 8,12; Off 18,12-13; Mt 23,15

w   1Thess 2,15-16; Jos 22,20

3. *In der Natur und Beschaffenheit der Übertretung[a]:*

wenn sich die Übertretung direkt gegen das ausdrückliche Gesetz richtet[b], viele Gebote verletzt und viele Sünden einschließt[c];

wenn sie nicht allein im Herzen erwogen wird, sondern in Worten und Taten umgesetzt wird[d];

wenn sie ein Ärgernis für andere darstellt [e] und sich nicht wieder gut machen lässt [f];

wenn sie gegen die Gnadenmittel [g], gegen erfahrene Erbarmungen [h] gerichtet ist oder gegen Gerichte [i], gegen das Licht der Natur [j], gegen Gewissensüberzeugung [k], gegen öffentliche oder private Ermahnung [l], gegen Gemeindezucht [m], bürgerliche Strafen [n],

gegen unsere Gebete, Ziele, Versprechen [o], Gelübde [p], Bündnisse [q] oder Verpflichtungen gegenüber Gott oder Menschen [r];

wenn sie geplant [s], willentlich [t], anmaßend [u], unverschämt [v], prahlerisch [w], boshaft [x], wiederholt [y], starrköpfig [z], mit böser Lust [aa] und Beharrlichkeit [ab] begangen wird oder im Rückfall nach vorher geschehener Buße geschieht [ac].

a Spr 6,30-35

b Esr 9,10-12; 1Kö 11,9-10

c Kol 3,5; 1Tim 6,10; Spr 5,8-12; 6,32-33; Jos 7,21

d Jak 1,14-15; Mt 5,22; Mi 2,1

e Mt 18,7; Röm 2,23-24

f 5Mo 22,22, 28-29; Spr 6,32-35

g Mt 11,21-24; Joh 15,22

h Jes 1,3; 5Mo 32,6

i Am 4,8-11; Jer 5,8

j Röm 1,26-27

k Röm 1,32; Dan 5,22; Tit 3,10-11

l Spr 29,1

m Tit 3,10; Mt 18,17

n Spr 23,35, 27,22

o Ps 78,34-37; Jer 2,20, 13,5-6, 20-21

p Pred 5,4-6; Spr 20,25

q 3Mo 26,25

r Spr 2,17; Hes 17,18-19

s Ps 36,4

t Jer 6,16

u 4Mo 15,30; 2Mo 21,14

v Jer 3,3; Spr 7,13

w Ps 52,1

x Joh 1,10

y 4Mo 14,22

z Sach 7,11-12

aa Spr 2,14

ab Jes 57,17

ac Jer 34,8-11; 2Petr 2,20-22

4. In den zeitlichen[a] oder örtlichen[b] Umständen:

wenn die Übertretung am Tage des Herrn[c] begangen wird oder zu anderen Zeiten des Gottesdienstes[d] oder unmittelbar vor[e] oder nach[f] diesen oder andern Ereignissen, die solche Verfehlungen verhindern sollen[g];

wenn sie in der Öffentlichkeit oder im Beisein anderer geschieht, die dadurch zur Sünde angestiftet oder durch sie verunreinigt werden können[h].

a 2Kö 5,26

b Jer 7,10; Jes 26,10

c Hes 23,37-39

d Jes 58,3-5; 4Mo 25,6-7

e 1Kor 11,20-21

f Jer 7,8-10, 14-15; Joh 13,27, 30

g Esr 9,13-14

h 2Sam. 16,22; 1Sam 2,22-24

152. **Frage:** Was verdient jede Sünde von Seiten Gottes?

Antwort: Jede Sünde, auch die geringste, ist gegen die Souveränität[a], Güte[b] und Heiligkeit Gottes[c] und gegen sein gerechtes Gesetz[d] gerichtet. Daher verdient sie Gottes Zorn und Fluch[e] in diesem[f] und im zukünftigen Leben[g] und kann allein durch das Blut Christi gesühnt werden[h].

a Jak 2,10-11

b 2Mo 20,1-2

c Hab 1,13; 3Mo 10,3 + 11,44-45

d 1Joh 3,4; Röm 7,12

e Eph 5,6; Gal 3,10

f Kla 3,39; 5Mo 28,15-68

X. Die Gnadenmittel

153. Frage: Was fordert Gott von uns, damit wir seinem Zorn und Fluch entfliehen können, die wir aufgrund unserer Übertretung des Gesetzes verdient haben?

Antwort: Damit wir dem Zorn und Fluch Gottes entfliehen können, die wir aufgrund unserer Übertretung des Gesetzes verdient haben, fordert er von uns zuerst Buße vor Gott und Glauben an unsern Herrn Jesus Christus [a], und dann den sorgfältigen Gebrauch aller äußeren Mittel, durch die Christus uns die Wohltaten seiner Mittlerschaft zukommen lässt [b].

a   Apg 16,30-31 + 20,21; Mt 3,7-8; Lk 13,3+5; Joh 3,16+18

b   Spr 2,1-5 + 8,33-36

154. Frage: Was sind die äußeren Mittel, durch die Christus uns die Wohltaten seiner Mittlerschaft zukommen lässt?

Antwort: Die äußeren Mittel, durch die Christus seiner Gemeinde gewöhnlich die Wohltaten seiner Mittlerschaft zukommen lässt, sind alle seine Anordnungen, insbesondere das Wort, die Sakramente und das Gebet; diese alle werden durch Gottes Gnade für die Auserwählten zu ihrer Errettung wirksam gemacht [a].

a   Mt 28,19-20; Apg 2,42+46-47

155. Frage: Wie wird das Wort wirksam zur Errettung?

Antwort: Der Geist Gottes macht das Lesen, besonders aber die Predigt des Wortes, zu einem wirksamen Mittel, um Sünder zu erleuchten [a], zu überführen und zu demütigen [b].

Dadurch treibt er sie aus sich selbst heraus und zieht sie zu Christus [c], formt sie um in sein Ebenbild [d] und unterwirft sie seinem Willen [e],

stärkt sie gegen Versuchungen und Verderbnis [f],

erbaut sie in Gnade ^{g} und festigt ihr Herz in Heiligkeit und Trost durch den Glauben zur Errettung ^{h}.

- a **Neh 8,8; Apg 26,18; Ps 19,8**
- b **1Kor 14,24-25; 2Chr 34,18-19+26-28**
- c **Apg 2,37, 41 + 8,27-39**
- d **2Kor 3,18**
- e **2Kor 10,4-6; Röm 6,17**
- f **Mt 4,4+7+10; Eph. 6,16-17; Ps 19,11; 1Kor 10,11**
- g **Apg 20,32; 2Tim 3,15-17**
- h **Röm 1,16; 10,13-17; 15,4; 16,25; 1Thess 3,2+10-11+13**

156. **Frage:** Sollen alle Menschen das Wort Gottes lesen?

Antwort: Es ist zwar nicht allen erlaubt, das Wort öffentlich der Gemeinde vorzulesen ^{a}; aber alle Menschen unabhängig von ihrem Stand sind verpflichtet, das Wort Gottes für sich selbst ^{b} und mit ihrer Familie ^{c} zu lesen. Zu diesem Zweck muss die Heilige Schrift aus dem Urtext in die Sprache jedes Volkes übersetzt werden ^{d}.

- a **5Mo 31,9+11-13; Neh 8,2-3 + 9,3-5**
- b **5Mo 17,19; Off 1,3; Joh 5,39; Jes 34,1**
- c **5Mo 6,6-9; 1Mo 18,17+19; Ps 78,5-7**
- d **1Kor 14,6+9+11-12+15-16+24+27-28**

157. **Frage:** Wie muss das Wort Gottes gelesen werden?

Antwort: Die Heilige Schrift muss mit großer und ehrfürchtiger Hochachtung gelesen werden ^{a},

mit der festen Überzeugung, dass sie das wahre Wort Gottes ist ^{b}, und dass er allein uns befähigen kann, sie zu verstehen ^{c};

mit dem Wunsch, den in ihr geoffenbarten Willen Gottes zu erkennen, zu glauben und ihm zu gehorchen ^{d};

mit Sorgfalt ^{e} und Aufmerksamkeit für ihren Inhalt und ihr Ziel ^{f},

mit Nachdenken ^{g}, Anwendung ^{h}, Selbstverleugnung ^{i} und Gebet ^{j}.

- a **Ps 19,10; Neh. 8,3-10; 2Mo 24,7; 2Chr 34,27; Jes 66,2**
- b **2Peter 1,19-21**
- c **Lk 24,45; 2Kor 3,13-16**

d   5Mo 17,10+20

e   Apg 17,11

f   Apg 8,30+34; Lk 10,26-28

g   Ps 1,2 + 119,97

h   2Chr 24,21

i   Spr 3,5; 5Mo 33,3

j   Spr 2,1-6; Ps 119,18; Neh 7,6+8

158. **Frage:** Von wem muss das Wort Gottes gepredigt werden?

Antwort: Das Wort Gottes darf nur von solchen gepredigt werden, die hinreichend begabt[a] und außerdem zu diesem Amt rechtmäßig bestätigt und berufen sind[b].

a   1Tim 3,2+6; Eph 4,8-11; Hos 4,6; Mal 2,7; 2Kor 3,6

b   Jer 14,15; Röm 10,15; Hebr 5,4; 1Kor 12,28-29; 1Tim 3,10 + 4,14 + 5,22

159. **Frage:** Wie muss das Wort Gottes von denen, die dazu berufen sind, gepredigt werden?

Antwort: Diejenigen, die zum Dienst des Wortes berufen wurden, müssen die reine Lehre predigen[a]

mit Sorgfalt[b], zur Zeit und zur Unzeit[c], klar verständlich[d],

nicht mit überredenden Worten menschlicher Weisheit, sondern in Erweisung des Geistes und der Kraft[e];

treu[f], indem sie den ganzen Ratschluss Gottes verkündigen[g];

weise[h], indem sie sich den Bedürfnissen und Fähigkeiten der Hörer anpassen[i];

eifrig[j], mit brennender Liebe zu Gott[k] und den Seelen seines Volkes[l];

ernsthaft[m], indem sie Gottes Ehre[n] und die Bekehrung[o], Erbauung[p] und Erlösung[q] zum Ziel haben.

a   Tit 2,1, 8

b   Apg 18,25

c   2Tim 4,2

d   1Kor 14,19

e   1Kor 2,4

f   Jer 23,28; 1Kor 4,1-2

g   Apg 20,27

h   Kol 1,28; 2Tim 2,15

i   1Kor 3,2; Hebr 5,12-14; Lk 12,42

j   Apg 18,25

k   2Kor 5,13-14; Phil 1,15-17

l   Kol 4,12; 2Kor 12,15

m   2Kor 2,17; 4,2

n   1Thess 2,4-6; Joh 7,18

o   1Kor 9,19-22

p   2Kor 12,19; Eph 4,12

q   1Tim 4,16; Apg 26,16-18

160. **Frage:** Was wird von denen gefordert, die die Predigt des Wortes hören?

Antwort: Von denen, die die Predigt des Wortes hören, wird gefordert,

dass sie mit Sorgfalt [a], vorbereitet [b] und mit Gebet darauf achten [c];

dass sie das Gehörte an der Schrift prüfen [d];

dass sie die Wahrheit mit Glauben [e], Liebe [f], Sanftmut [g] und bereitem Geist [h] als das Wort Gottes aufnehmen [i], darüber nachdenken [j] und sich darüber besprechen [k];

es in ihrem Herzen bewahren [l] und daraus Frucht in ihrem Leben bringen [m].

a   Spr 8,34

b   1Petr 2,1-2; Lk 8,18

c   Ps 119,18; Eph 6,18-19

d   Apg 17,11

e   Hebr 4,2

f   2Thess 2,10

g   Jak 1,21

h   Apg 17,11

i   1Thess 2,13

j   Lk 9,44; Hebr 2,1

k   Lk 24,14; 5Mo 6,6-7

l   Spr 2,1; Ps 119,11

m   Lk 8,15; Jak 1,25

XI. Taufe und Abendmahl[13]

161. Frage: Was ist das Besondere an den beiden Anordnungen[14] Taufe und Abendmahl?[15]

Antwort: Die Taufe und das Abendmahl sind Anordnungen, die direkt von dem Herrn Jesus, dem einzig rechtmäßigen und souveränen Gesetzgeber, ausdrücklich angeordnet wurden, damit sie in seiner Gemeinde bis zum Ende der Welt ausgeführt werden [a].

  a Mt 28,19-20; 1Kor 11,26

162. Frage: Wer darf nach dem Willen des Herrn diese beiden Anordnungen ausführen?[16]

Antwort: Diese heiligen Anordnungen dürfen nur von solchen Männern ausgeführt werden, die dazu befähigt und berufen sind gemäß dem Befehl des Herrn Jesus Christus [a].

  a Mt 28,19; 1Kor 4,1

163. Frage: Was ist die Taufe? [17]

Antwort: Die Taufe ist eine Anordnung des Neuen Bundes, die von dem Herrn Jesus Christus eingesetzt wurde.

Sie ist für den Getauften ein Zeichen für die Gemeinschaft mit ihm in seinem Tod und seiner Auferstehung,

dafür, dass er mit Christus einsgemacht und ihm in seinem Tod gleich geworden ist [a],

für die Vergebung seiner Sünden [b] und

---

[13] Wie im Vorwort erklärt, wurden die Fragen und Antworten in diesem Abschnitt an das Londoner Glaubensbekenntnis von 1689 angepasst.

[14] Wenn möglich wird der Begriff „Sakrament" durch „Anordnung" ersetzt. An anderen Stellen, wo dies zu Missverständnissen führen würde, wurde „Sakrament" beibehalten. Die beiden Begriffe sind synonym zu verstehen.

[15] Vgl 1689 Kap 28/1

[16] Vgl 1689 Kap 28/2

[17] Vgl 1689 Kap 29/1

für seine völlige Hingabe an Gott durch Jesus Christus, um in einem neuen Leben zu wandeln [c].

a **Röm 6,3-5; Kol 2,12; Gal 3,27**

b **Mk 1,4; Apg 22,16**

c **Röm 6,4**

164. **Frage:** Wer soll getauft werden?[18]

Antwort: Niemand, der außerhalb der sichtbaren Gemeinde und so dem Bunde der Verheißung fremd ist, soll getauft werden [a].

Nur solche, die bekennen, dass sie ihre Sünden durch Gottes Gnade erkannt und bereut haben [b],

die persönlichen Glauben an den dreieinigen Gott [c] und insbesondere an Jesus Christus als Sohn Gottes und einzigen Erlöser bekennen [d]

und die bekennen, dass sie ihm mit Gottes Hilfe im Gehorsam nachfolgen wollen [e], sollen getauft werden.

a **Apg 2,38 + 8,36-37**

b **Mt 3,6-8 + 4,17**

c **Mt 28,19; Mk 16,16; Apg 2,41 + 8,12 + 18,8**

d **Apg 4,12; 1Joh 5,12+20**

e **Röm 6,17; 1Petr 1,22**

165. **Frage:** Wie soll getauft werden?[19]

Antwort: Die Taufe soll mit Wasser geschehen [a], im Namen des Vaters, des Sohnes und des Heiligen Geistes [b], und zwar – wenn möglich – durch Untertauchen des Täuflings [c].

a **Mt 3,11; Apg 8,36+38 + 22,16**

b **Mt 28,18-20**

c **Mt 3,16; Joh 3,23**

166. **Frage:** Was ist das heilige Abendmahl?[20]

---

[18] Vgl 1689 Kap 29/2
[19] Vgl 1689 Kap 29/3+4
[20] Vgl. 1689 Kap 30/1

Antwort: Das heilige Abendmahl ist eine Anordnung des Neuen Bundes. Der Herr Jesus Christus hat es in der gleichen Nacht, in der er verraten wurde, eingesetzt [a].

Es soll von der Gemeinde Jesu bis ans Ende der Welt gefeiert werden als eine beständige Erinnerung an das Opfer, das er durch seinen Tod am Kreuz dargebracht hat [b];

Durch das Abendmahl wird Jesu Kreuzestod der Welt verkündigt [c];

die Gläubigen werden in ihrem Glauben und in all seinen Segnungen gefestigt [d].

Es dient ihrer geistlichen Nahrung und ihrem Wachstum in Christus [e].

Sie werden von ihrem Anteil an ihm und für all ihre Pflichten, die sie ihm schuldig sind, gestärkt [f].

Es ist ein Band und Unterpfand der Gemeinschaft der Gläubigen mit Christus und mit einander [g].

a   **Lk 22,19-20; 1Kor 11,23**

b   **1Kor 11,24**

c   **1Kor 11,26**

d   **Mt 26,26-28**

e   **1Kor 11,24**

f   **1Kor 11,23-26**

g   **1Kor 10,16-17**

167. **Frage:** Worin besteht das Wesen des Abendmahls?[21]

Antwort: In dieser Anordnung wird nicht Christus dem Vater geopfert.

Es geschieht auch kein Opfer irgendeiner Art für die Vergebung der Sünden der Lebenden und der Toten.

Es ist vielmehr ein Gedächtnis an das ein für alle Mal geschehene Opfer Jesu Christi am Kreuz [a]; darin wird Gott das höchst mögliche Lob für dieses Opfer dargebracht [b].

---

[21] Vgl. 1689 Kap 30/2

Daher ist das papistische „Messopfer", wie sie es nennen, ein abscheulicher Gräuel; es verunehrt das Opfer Jesu Christi, das allein die Sühnung für alle Sünden seiner Auserwählten ist [c].

a **Hebr 9,25-28**

b **1Kor 11,25; Mt 26,26-27**

c **Hebr 10,25-26**

168. Frage: Wie sollen nach der Anordnung Jesu Christi das Abendmahl durchgeführt werden?[22]

Antwort: Christus hat angeordnet, dass die von seiner Gemeinde dazu bevollmächtigten Diener Brot und Wein unter Gebet segnen und dadurch vom allgemeinen Gebrauch absondern.

Dann sollen sie das Brot nehmen und brechen; ebenso sollen sie den Becher nehmen; sie selbst sollen von beidem, Brot und Wein, nehmen und beides den Teilnehmenden austeilen [a].

a **1Kor 11,23-24; Mt 26,26-28; Mk 14,22-24; Lk 22,19-20**

169. Frage: Welche falsche Praktiken bei der Abendmahlsfeier müssen wir vor allem meiden?[23]

Antwort: Folgende falsche Praktiken müssen wir meiden und verabscheuen, weil sie alle der Natur dieser Anordnung und ihrer Einrichtung durch den Herrn Jesus Christus widersprechen [a]:

o *den Teilnehmern den Becher vorzuenthalten*

o *die Elemente anzubeten*

o *zum Zeichen der Anbetung den Becher zu erheben oder die Elemente herumzutragen*

o *die Elemente für angeblichen religiösen Gebrauch aufzubewahren*

a **Mt 26,26-28 + 15,9; 2Mo 20,4-5**

---

[22] Vgl. 1689 Kap 30/3
[23] Vgl. 1689 Kap 30/4

170. **Frage**: Warum werden in der Heiligen Schrift Brot und Wein manchmal als Leib und Blut Christi bezeichnet?[24]

Antwort: Wenn die äußerlichen Elemente bei dieser Anordnung angemessen für den von Christus befohlenen Gebrauch abgesondert wurden, dann haben sie eine solche Beziehung zum Gekreuzigten, dass die Schrift sie manchmal wirklich mit den Namen „Leib und Blut Christi" bezeichnet, die sie darstellen [a]. Dies ist allerdings eine bildliche Ausdrucksweise; in ihrer Substanz und Natur bleiben sie tatsächlich Brot und Wein wie zuvor [b].

- a 1Kor 11,27; Mt 26,26-28
- b 1Kor 11,26-28; Mt 26,29

171. **Frage**: Wie sollen wir über die Lehre von der Transsubstantiation denken?[25]

Antwort: Die Lehre, die für gewöhnlich als „Transsubstantiation" bezeichnet wird, die behauptet, dass Brot und Wein durch die Darbringung des Priesters oder auf andere Weise in die Substanz des Leibes und Blutes Christi verwandelt werden, steht nicht allein im Gegensatz zur Heiligen Schrift [a]; sie ist selbst dem gewöhnlichen Verständnis und der Vernunft völlig zuwider und macht die Natur dieser Anordnung zunichte. Seit ihrem Bestehen bis heute war diese Irrlehre immer die Ursache für vielerlei Aberglauben und grauenhaften Götzendienst [b].

- a Apg 3,21; Lk 14,6+39
- b 1Kor 11,24-25

172. **Frage**: Was bedeutet das Abendmahl für diejenigen, die es gläubig genießen?[26]

Antwort: Wahre Christen, die in würdiger Weise an den sichtbaren Elementen dieser Anordnung teilnehmen, empfangen dadurch wirklich und wahrhaftig, jedoch nicht fleischlich oder körperlich, sondern geistlich den gekreuzigten Christus und nähren sich von ihm und all den Wohltaten, die er für sie durch seinen Tod erworben hat. Dabei ist Leib und Blut Christi nicht

---

[24] Vgl. 1689 Kap 30/5
[25] Vgl. 1689 Kap 30/6
[26] Vgl. 1689 Kap 30/7

körperlich oder fleischlich anwesend; sie sind vielmehr für den, der am Abendmahl gläubig teilnimmt, geistlich so gegenwärtig wie das Brot und der Wein für die äußeren Sinne[a].

a   1Kor 10,16 + 11,23-26

173. Frage: Warum ist das Abendmahl nur für wahrhaft Gläubige?[27]

Antwort: Unwissende und gottlose Menschen sind völlig unfähig Gemeinschaft mit Christus zu genießen. Deswegen sind sie auch nicht würdig, am Abendmahl teilzunehmen. Solange sie in ihrem ungläubigen Zustand verharren, wäre es eine große Sünde für sie, an diesem Geheimnis teilzunehmen; ebenso wäre es eine große Sünde, sie zum Abendmahl zuzulassen[a]. Jeder, der unwürdig daran teilnimmt, ist des Leibes und Blutes des Herrn schuldig und isst und trinkt sich selbst zum Gericht[b].

a   2Kor 6,14-15
b   1Kor 11,29; Mt 7,6

176.[28] Frage: Worin stimmen die Anordnungen der Taufe und des heiligen Abendmahls überein?

Antwort: Die Anordnungen der Taufe und des heiligen Abendmahls stimmen darin überein,

dass Gott der Urheber von beiden ist[a],

dass Christus und seine Wohltaten der geistliche Teil in beiden sind[b],

dass beide Siegel desselben Bundes sind[c],

dass beide von Dienern des Evangeliums und von keinem andern zu spenden sind[d]

und dass sie in der Gemeinde Christi fortgesetzt werden sollen bis zu seiner Wiederkunft[e].

a   Mt 28,19; 1Kor 11,23
b   Röm 6,3-4; 1Kor 10,16

---

[27] Vgl. 1689 Kap 30/8
[28] Die Zählung der Fragen folgt ab hier wieder dem Westminster Katechismus. Da dieser einige Fragen mehr zu den Sakramenten enthält, entsteht in dieser baptistischen Ausgabe die Lücke in der Zählung zwischen 173 und 176.

c   Röm 4,11; Kol 2,12; Mt 26,27-28

d   Joh 1,33; Mt 28,19; 1Kor 4,1 + 11,23; Hebr 5,4

e   Mt 28,19-20; 1Kor 11,26

177. **Frage:** Worin unterscheiden sich die Anordnungen der Taufe und des heiligen Abendmahls?

Antwort: Die Anordnungen der Taufe und des heiligen Abendmahls unterscheiden sich darin, dass die Taufe nur einmal mit Wasser zu spenden ist, als ein Zeichen und Siegel unserer Wiedergeburt und Einpflanzung in Christus[a], während das heilige Abendmahl oftmals in den Elementen von Brot und Wein zu spenden ist; es reicht der Seele Christus als geistliche Nahrung dar[b] und bestärkt unser Bleiben und Wachsen in ihm[c].

a   Mt 3,11; Tit 3,5; Gal 3,27

b   1Kor 11,23-26

c   1Kor 10,16

XII. Das Gebet

178. **Frage:** Was ist das Gebet?

Antwort: Das Gebet ist eine Darbringung unserer Wünsche an Gott[a] im Namen Christi[b] mit Hilfe seines Geistes[c], verbunden mit dem Bekenntnis unserer Sünden[d] und dankbarer Anerkennung seiner Barmherzigkeit[e].

a   Ps 62,8

b   Joh 16,23

c   Röm 8,26

d   Ps 32,5-6; Dan 9,4

e   Phil 4,6

179. **Frage:** Dürfen wir nur zu Gott beten?

Antwort: Da Gott allein imstande ist, die Herzen zu erforschen[a], die Bitten aller zu hören[b], Sünden zu vergeben[c] und das Begehren der Seinen zu erfüllen[d], und da man ganz allein an ihn glauben[e] und ihn anbeten[f] darf,

so haben alle das Gebet, das ein besonderer Teil unserer Gottesverehrung ist[g], allein an ihn[h] zu richten und an niemanden sonst[i].

a   1Kö 8,39; Apg 1,24; Röm 8,27

b   Ps 65,2

c   Mi 7,18

d   Ps 145,18-19

e   Röm 10,14

f   Mt 4,10

g   1Kor 1,2

h   Ps 50,15

i   Röm 10,14

180. **Frage:** Was heißt im Namen Jesu beten?

Antwort: Im Namen Jesu beten heißt, im Gehorsam gegen sein Gebot und im Vertrauen auf seine Verheißungen Barmherzigkeit um seinetwillen erflehen [a], indem wir nicht bloß seinen Namen erwähnen [b], sondern indem wir unsere Ermutigung zum Gebet und unsere Freimütigkeit, Kraft und Hoffnung auf Erhörung unserer Gebete aus Christus und seiner Mittlerschaft schöpfen [c].

a   Joh 14,13-14 + 16,24; Dan 9,17

b   Mt 7,21

c   Hebr 4,14-16; 1Joh 5,13-15

181. **Frage:** Warum müssen wir im Namen Jesu Christi beten?

Antwort: Da die Sündhaftigkeit des Menschen und sein darin begründeter Abstand von Gott so groß ist, dass wir ohne einen Mittler keinen Zutritt zu seiner Gegenwart haben können [a],

und da es im Himmel oder auf Erden niemanden gibt, der zu diesem herrlichen Werk bestimmt oder geeignet ist, außer Jesus Christus allein [b], dürfen wir in keinem andern Namen als in seinem beten [c].

a   Joh 14,6; Jes 59,2; Eph 3,12

b   Joh 6,27; Hebr 7,25-27; 1Tim 2,5

c   Kol 3,17; Hebr 13,15

182. **Frage:** Wie hilft uns der Geist beim Beten?

Antwort: Wir wissen nicht, wie und was wir beten sollen, wie es sich gebührt. Aber der Geist hilft unserer Schwachheit auf, indem er uns befähigt, zu verstehen, für wen, wofür und wie wir beten sollen. Er bewirkt und belebt in unsern Herzen (wenn auch nicht in allen Menschen und nicht zu allen Zeiten in demselben Maß) diejenigen Gedanken, Gemütsbewegungen und Gnadengaben, die zur rechten Erfüllung dieser Pflicht nötig sind [a].

   a   Röm 8,26-27; Ps 10,17; Sach 12,10

183. Frage: Für wen müssen wir beten?

Antwort: Wir müssen für die ganze Gemeinde Christi auf Erden beten [a], für die Obrigkeit [b] und für die Diener am Wort [c], für uns selbst [d], unsere Geschwister [e], sogar für unsere Feinde [f], und für Menschen aller Art, die jetzt leben [g] oder künftig leben werden [h], aber nicht für die Toten [i] und auch nicht für die, von denen bekannt ist, dass sie die Sünde zum Tode begangen haben [j].

   a   Eph 6,18; Ps 28,9
   b   1Tim 2,1-2
   c   Kol 4,3
   d   1Mo 32,11
   e   Jak 5,16
   f   Mt 5,44
   g   1Tim 2,1-2
   h   Joh 17,20; 2Sam 7,29
   i   2Sam 12,21-23
   j   1Joh 5,16

184. Frage: Um welche Dinge müssen wir beten?

Antwort: Wir müssen um alle Dinge beten, die zur Ehre Gottes dienen [a]. Und wir müssen um alle Dinge beten, die das Wohl der Gemeinde [b], von uns selbst [c] oder von anderen [d] fördern, nicht aber um irgendetwas, das Unrecht ist [e].

   a   Mt 6,9
   b   Ps 51,18 + 122,1
   c   Mt 7,11
   d   Ps 125,4
   e   1Joh 5,14

185. **Frage:** Wie müssen wir beten?

Antwort: Wir müssen mit einem ehrfürchtigen Bewusstsein der Majestät Gottes[a] beten,

mit einer tiefen Empfindung unserer eigenen Unwürdigkeit[b], unserer Bedürftigkeit[c] und Sünden[d],

mit bußfertigem[e], dankbarem[f] und weitem Herzen[g],

mit Verstand[h], Glauben[i], Aufrichtigkeit[j], Ernsthaftigkeit[k], Liebe[l] und Beharrlichkeit[m],

indem wir mit demütiger Unterwerfung unter seinen Willen[n] auf ihn harren[o].

a   Pred 5,1

b   1Mo 18,27 + 32,10

c   Lk 15,17-19

d   Lk 18,13-14

e   Ps 51,17

f   Phil 4,6

g   1Sam 1,15 + 2,1

h   1Kor 14,15

i   Mk 11,24; Jak 1,6

j   Ps 17,1 + 145,18

k   Jak 5,16

l   1Tim 2,8

m   Eph 6,18

n   Mt 26,39

o   Mi 7,7

186. **Frage:** Welche Regel hat Gott uns als Anleitung zum Gebet gegeben?

Antwort: Das ganze Wort Gottes hilft uns, recht zu beten[a].

Aber die besondere Regel, mit der unser Heiland Jesus Christus seine Jünger gelehrt hat, zu beten, ist das, was gewöhnlich das „Gebet des Herrn" genannt wird[b].

a   1Joh 5,14

b   Mt 6,2-13; Lk 11,2-4

187. **Frage:** Wie muss das Gebet des Herrn gebraucht werden?

Antwort: Das Gebet des Herrn dient nicht nur unserer Unterweisung als ein Muster, nach dem wir unsere Gebete ausrichten sollen.

Es kann auch als Gebet gebraucht werden, aber so, dass es mit Verstand, Glauben, Ehrerbietung und anderen Gnadengaben verrichtet wird, die zu einem wirklichen Gebet nötig sind[a].

    a   **Mt 6,7+9; Lk 11,2**

188. **Frage:** Aus wie vielen Teilen besteht das Gebet des Herrn?

Antwort: Das Gebet des Herrn besteht aus drei Teilen: einer Vorrede, Bitten und einem Schluss.

189. **Frage:** Was lehrt uns die Vorrede des Gebets des Herrn?

Antwort: Die Worte „Unser Vater, der du bist im Himmel" bilden die Vorrede des Gebets des Herrn[a].

Sie lehrt uns, dass wir Gott im Gebet nahen sollen mit Vertrauen auf seine väterliche Güte und darauf, dass wir wahrhaft seine Kinder sind[b],

mit Ehrfurcht und allen andern kindlichen Empfindungen[c], himmlischen Gemütsbewegungen[d] und einem angemessenen Bewusstsein seiner souveränen Herrschaft, Majestät und gnädigen Herabneigung[e].

Sie lehrt uns auch, dass wir mit andern und für andere beten sollen[f].

    a   **Mt 6,9**
    b   **Lk 11,13; Röm 8,15**
    c   **Jes 64,8**
    d   **Ps 123,1; Kla 3,41**
    e   **Jes 63,15-16; Neh 1,4-6**
    f   **Apg 12,5**

190. **Frage:** Worum beten wir in der ersten Bitte?

Antwort: Die erste Bitte lautet: „Geheiligt werde dein Name!"[a]

In ihr erkennen wir an, dass in uns und in allen Menschen eine gänzliche Unfähigkeit und Abneigung besteht, Gott recht zu ehren[b].

Wir beten damit, dass Gott durch seine Gnade uns und andere dazu fähig und geneigt machen möge, ihn [c] zu erkennen, hoch zu schätzen und zu verehren,

ebenso seinen Namen [d], seine Eigenschaften [e] und Ordnungen, sein Wort [f], seine Werke und alles, wodurch er sich nach seinem Wohlgefallen zu erkennen gibt [g].

Wir beten damit auch, dass er uns befähigen und geneigt machen möge, ihn in Gedanken, Worten [h] und Werken zu verherrlichen [i],

und dass er Atheismus [j], Unwissenheit [k], Götzendienst [l], Weltlichkeit [m] und alles, was ihn entehrt [n], verhüten und beseitigen möge,

und schließlich, dass er durch seine allumfassende Vorsehung alle Dinge zu seiner eigenen Ehre lenken und ordnen möge [o].

a Mt 6,9
b 2Kor 3,5; Ps 51,15
c Ps 67,2-3
d Ps 83,19
e Ps 86,10-15
f 2Thess 3,1; Ps 138,1-3 + 147,19-20; 2Kor 2,14-15
g Ps 8 + 145
h Ps 19,14 + 103,1
i Phil 1,9+11
j Ps 67,1-4
k Eph 1,17-18
l Ps 97,7
m Ps 74,18+22-23
n 2Kö 19,15-16
o 2Chr 20,6+10-12; Ps 83; Ps 140,4+8

191. Frage: Worum beten wir in der zweiten Bitte?

Antwort: Die zweite Bitte lautet: „Dein Reich komme!" [a]

In ihr erkennen wir an, dass wir und die ganze Menschheit von Natur unter der Herrschaft der Sünde und des Satans sind [b].

Wir beten damit, dass das Reich der Sünde und des Satans zerstört werden [c] möge, *das Evangelium überall in der Welt ausgebreitet [d],*

seine Auserwählten aus allen Völkern gesammelt [e,f],

die Gemeinde mit allen Dienern des Evangeliums und allen Ordnungen versorgt [g], von Verderbtheit gereinigt [h] und von der weltlichen Obrigkeit geachtet und gestützt werden möge [i];

dass die Ordnungen Christi rein verwaltet und wirksam gemacht werden zur Bekehrung derer, die noch in ihren Sünden sind, und zur Befestigung, zum Trost und zur Auferbauung aller, die schon bekehrt sind [j];

dass Christus schon hier in unsern Herzen regiere [k] und bald wiederkommen möge, um die Zeit unserer ewigen Herrschaft mit ihm herbeizuführen [l];

und dass es ihm gefallen möge, seine Macht in aller Welt so auszuüben, wie es diesen Zielen am meisten förderlich ist [m].

a Mt 6,10

b Eph 2,2-3

c Ps 68,1+18; Off 12,10-11

d 2Thess 3,1

e Röm 10,1

f Joh 17,9+20; Röm 11,25-26; Ps 67

g Mt 9,38; 2Thess 3,1

h Mal 1,11; Zeph 3,9

i 1Tim 2,1-2

j Apg 4,29-30; Eph 6,18-20; Röm 15,29-32; 2Thess 1,11 + 2,16f

k Eph 3,14-20

l Off 22,20

m Jes 64,1-2; Off 4,8-11

192. **Frage:** Worum beten wir in der dritten Bitte?

Antwort: Die dritte Bitte lautet: „Dein Wille geschehe, wie im Himmel, so auch auf Erden!" [a]

In ihr erkennen wir an, dass wir und alle Menschen von Natur nicht nur gänzlich unfähig und unwillig sind, den Willen Gottes zu erkennen und zu tun [b], sondern dass wir im Gegenteil dazu geneigt sind, uns gegen sein

Wort aufzulehnen[c], über seine Vorsehung ungehalten zu sein und dagegen zu murren[d].

Von Natur aus sind wir völlig dem Willen des Fleisches und des Teufels ergeben.[e]

Wir beten in dieser Bitte darum, dass Gott durch seinen Geist von uns und allen andern alle Blindheit[f], Schwachheit[g], Unfähigkeit[h] und Verkehrtheit[i] des Herzens wegnehmen möge.

Er möge uns durch seine Gnade fähig und willig machen, in allen Dingen seinen Willen zu erkennen, ihn zu tun und uns ihm unterzuordnen[j],

und zwar mit der gleichen Demut[k], Freudigkeit[l], Treue[m], Sorgfalt[n], Eifer[o], Aufrichtigkeit[p] und Beständigkeit[q], wie es die Engel im Himmel tun[r].

a Mt 6,10
b Röm 7,18; Hi 21,14; 1Kor 2,14
c Röm 8,7
d 2Mo 17,7; 4Mo 14,2
e Eph 2,2
f Eph 1,17-18
g Eph 3,16
h Mt 26,40-41
i Jer 31,18-19
j Ps 119,1+8+35-36; Apg 21,14
k Mi 6,8
l Ps 100,2; Hi 1,21; 2Sam 15,25-25
m Jes 38,3
n Ps 119,4-5
o Röm 12,11
p Ps 119,80
q Ps 119,112
r Jes 6,2-3; Ps 103,20-21; Mt 18,10

193. **Frage:** Worum beten wir in der vierten Bitte?

Antwort: Die vierte Bitte lautet: „Unser tägliches Brot gib uns heute!"[a]

In ihr erkennen wir an, dass wir als Nachkommen Adams und durch unsere eigene Sünde jegliches Recht auf äußere Segnungen dieses Lebens verscherzt haben.

Wir verdienen, dass Gott sie uns völlig vorenthält und mit Fluch belegt [b].

Sie sind in sich selbst nicht imstande, uns zu erhalten [c].

Wir selbst sind nicht in der Lage, sie zu verdienen [d] oder sie uns durch unsern eigenen Fleiß zu erarbeiten [e].

Wir sind dazu geneigt, sie unrechtmäßig zu begehren [f], zu nehmen [g] und zu gebrauchen [h].

Wir beten in dieser Bitte für uns selbst und andere, dass Gott uns aus seinem freien Willen und nach seiner väterlichen Weisheit solche äußerlichen Segnungen zuteilen möge; dabei gebrauchen wir die von Gott angeordneten Mittel und harren täglich auf seine Vorsehung [i].

Wir bitten darum, dass Gott uns diese Segnungen fortdauernd schenken und sie zu unserem heiligen und angenehmen Gebrauch erhalten möge [j].

Wir beten um Zufriedenheit mit Gottes Segnungen [k] und um Bewahrung vor allem, was unseren zeitlichen Bedürfnissen und unserem Wohlbefinden schaden könnte [l].

a Mt 6,11

b 1Mo 2,17 + 3,17; Röm 8,20-22; Jer 5,25; 5Mo 28,15-68

c 5Mo 8,3

d 1Mo 32,10

e 5Mo 8,17-18

f Jer 6,13; Mk 7,21-22

g Hos 12,7

h Jak 4,3

i 1Mo 28,20 + 43,12-14; Eph 4,28; 2Thes 3,11-12; Phil 4,6

j 1Tim 4,3-5

k 1Tim 6,6-8

l Spr 30,8-9

194. Frage: Worum beten wir in der fünften Bitte?

Antwort: Die fünfte Bitte lautet: „Und vergib uns unsere Schulden, wie auch wir vergeben unseren Schuldnern!" [a]

In ihr erkennen wir an, dass wir und alle andern Menschen Sünder sind, sowohl aufgrund der Erbsünde als auch aufgrund der Sünden, die wir selbst vollbracht haben. Dadurch sind wir schuldig vor dem gerechten Gott. Weder wir selbst noch irgendein anderes Geschöpf können auch nur im geringsten Maß diese Schuld begleichen [b].

Wir beten in dieser Bitte für uns selbst und andere, dass Gott nach seiner freien Gnade durch den Gehorsam und die Genugtuung Jesu Christi, die wir durch den Glauben ergreifen und uns zu eignen machen, uns unsere Schuld und Strafe für unsere Sünden erlassen möge [c].

Er möge uns annehmen in seinem Geliebten [d],

uns weiter seine Gnade und Güte erweisen [e],

uns unsere täglichen Verfehlungen vergeben [f],

und uns mit Frieden und Freude erfüllen, indem er uns täglich mehr und mehr die Gewissheit der Vergebung schenkt [g].

Zu dieser Bitte haben wir umso mehr Freimütigkeit und Zuversicht der Erhörung, je mehr wir in uns selbst das Zeugnis haben, dass wir von Herzen andern ihre Übertretungen vergeben [h].

a   Mt 6,12
b   Röm 3,9-22; Mt 18,24-25; Ps 130,3-4
c   Röm 3,24-26; Hebr 9,22
d   Eph 1,6-7
e   2Petr 1,2
f   Hos 14,2; Jer 14,7
g   Röm 15,13; Ps 51,7-10+12
h   Lk 11,4; Mt 6,14-15 + 18,35

195. **Frage:** Worum beten wir in der sechsten Bitte?

Antwort: Die sechste Bitte lautet: „Und führe uns nicht in Versuchung, sondern erlöse uns von dem Bösen!" [a]

In ihr erkennen wir an, dass der höchst weise, gerechte und gnädige Gott zu verschiedenen heiligen und gerechten Zwecken manchmal die Dinge so ordnet und fügt, dass wir von Versuchungen angefochten, überwunden und eine Zeitlang gefangen gehalten werden [b], *dass der Satan[c], die Welt[d] und das Fleisch[e] uns für eine gewisse Zeit mit Macht verführen und umstricken können,*

dass wir auch nach der Vergebung unserer Sünden infolge unserer Verderbtheit[f], Schwachheit und mangelnder Wachsamkeit[g] nicht nur Versuchungen unterworfen sind und dazu neigen, uns Versuchungen auszusetzen[h], sondern auch von uns aus unfähig und unwillig sind, ihnen zu widerstehen, uns aus ihnen zu erheben und sie zu unserem Nutzen anzuwenden[i]. Wir sind wert, ihrer Macht überlassen zu werden[j].

Wir beten in dieser bitte darum, dass Gott die Welt und alles in ihr so lenken möge[k], das Fleisch unterwerfen[l], den Satan zurückhalten[m],

alle Dinge so ordnen[n], alle Gnadenmittel darreichen und segnen[o]

und uns beleben möge, dass wir sie wachsam gebrauchen,

damit wir und sein ganzes Volk durch seine Vorsehung vor der Versuchung zur Sünde bewahrt werden[p];

oder dass wir, wenn wir versucht werden, durch seinen Geist gestärkt und befähigt werden, in der Stunde der Versuchung standzuhalten[q];

oder dass wir wieder aufgerichtet und hergestellt werden, wenn wir gefallen sind[r], und dass wir einen heiligen Nutzen und Gewinn daraus ziehen[s].

Wir beten darum, dass unsere Heiligung und Erlösung vollendet[t],

der Satan unter unsere Füße getreten[u] und wir von Sünde, Versuchung und allem Bösen in Ewigkeit befreit werden[v].

a   Mt 6,13

b   2Chr 32,31

c   1Chr 21,1

d   Lk 21,34; Mk 4,19

e   Jak 1,14

f   Gal 5,17

g   Mt 26,41

h   Mt 26,69-72; Gal 2,11-14; 2Chr 18,3 + 19,2

i   Röm 7,23-24; 1Chr 21,1-4; 2Chr 16,7-10

j   Ps 81,11-12

k   Joh 17,15

l   Ps 51,10 + 119,133

m   2Kor 12,7-8

n   1Kor 10,12-13

o   Hebr 13,20-21

p   Mt 26,41; Ps 19,13

q   Eph 3,14-17; 1Thess 3,13; Jud 1,24

r   Ps 51,12

s   1Petr 5,8-10

t   2Kor 13,7+9

u   Röm 16,20; Sach 3,2; Lk 22,31-32

v   Joh 17,15; 1Thess 5,23

196. **Frage:** Was lehrt uns der Schluss des Gebetes des Herrn?

Antwort: Der Schluss des Gebets des Herrn lautet: „Denn dein ist das Reich und die Kraft und die Herrlichkeit in Ewigkeit. Amen."[a]

Er lehrt uns, unsere Bitten mit Gründen[b] zu unterstützen, die nicht von unserem eigenen Wert oder dem eines anderen Geschöpfes abgeleitet sind, sondern allein von Gott[c].

Wir sollen unsere Gebete mit Lobpreis verbinden[d], indem wir Gott allein ewige Herrschaft, Allmacht und erhabene Herrlichkeit zuschreiben[e].

Im Blick auf diese Eigenschaften und weil er fähig und willens ist, uns zu helfen[f], sollen wir durch den Glauben ermutigt sein, von ihm Erhörung unserer Bitten zu erflehen[g] und still auf ihn zu vertrauen, dass er uns erhören wird[h].

Zum Zeugnis und zur Bekräftigung unseres aufrichtigen Begehrens beschließen wir unser Gebet mit „Amen"[i].

a   Mt 6,13

b   Röm 15,30

c   Dan 9,4+7-9+16-19

d   Phil 4,6

e   1Chr 29,10-13

f   Eph 3,20-21; Lk 11,13

g   2Chr 20,6+11

h   2Chr 14,11

i   1Kor 14,16; Off 22,20-21

Literatur

➢ Westminster Larger Catechism, Republished 2007 by Forgotten Books, www.forgottenbooks.org , Stand 15.10.2021

➢ THE WESTMINSTER LARGER CATECHISM; AGREED UPON BY THE AS-SEMBLY OF DIVINES AT WESTMINSTER, WITH THE ASSISTANCE, www.apuritansmind.com/westminster-standards/larger-catechism, Stand 15.10.2021

➢ Das Londoner Baptistische Glaubensbekenntnis von 1689, www.the1689confession.com, Stand 15.10.2021